Obra editada en colaboración con Editorial Planeta - Chile

Diseño de portada: Planeta Chile
Diagramación: Ricardo Alarcón Klaussen

Bajo el sello editorial ARIEL M.R.
Avenida Presidente Masaryk núm. 111,
Piso 2, Polanco V Sección, Miguel Hidalgo
C.P. 11560, Ciudad de México
www.planetadelibros.com.mx
www.paidos.com.mx

Primera edición impresa en Chile: enero de 2026
ISBN: 978-956-6443-02-5

Primera edición impresa en México: febrero de 2026
ISBN: 978-607-639-175-4

Impreso en los talleres de Corporación en Servicios Integrales de Asesoría Profesional, S.A. de C.V.,
Calle E #6, Parque Industrial Puebla 2000, C.P. 72225, Puebla, Pue.
Impreso en México – *Printed in Mexico*

AXEL KAISER

NAZI-COMUNISMO

Por qué marxistas leninistas y nazi fascistas son gemelos ideológicos

Ariel

A todos esos fascistas disfrazados de antifascistas

El marxismo ha llevado al fascismo y al nacionalsocialismo, porque, en todo lo esencial, es fascismo y nacionalsocialismo.

FREDERIK AUGUSTUS VOIGT

Índice

Introducción

Karl Marx es, por lejos, el intelectual más citado en el mundo académico, al punto de que solo su obra acumula una cantidad de citas similar a la de los trabajos de Friedrich Hayek, John Maynard Keynes y Milton Friedman juntos[1]. Su célebre pasquín junto a Engels, *El manifiesto comunista*, se entrega en cerca de cuatro mil programas universitarios en Estados Unidos, aunque casi todos son en humanidades[2]. De este modo, la influencia de Marx sobre nuestra cultura sigue siendo gigantesca y más aún si consideramos que todo el movimiento progresista *woke* deriva fundamentalmente de intelectuales neomarxistas como Michel Foucault y Jacques Derrida. No es una exageración afirmar que el marxismo, especialmente en la versión llamada "posmodernismo" está hoy contribuyendo decisivamente a destruir Occidente[3]. Mientras eso ocurre, la popularidad del socialismo en Estados Unidos experimenta un auge inédito, al punto de que un 36 % de los adultos declara tener una imagen positiva de esa ideología, cifra que sube a 57 % entre demócratas según encuestas de 2022 de Pew Research[4]. Cuando se distingue por edades, un 44 % de los jóvenes entre dieciocho y veintinueve años declara tener una buena imagen del socialismo, lo que es imposible no correlacionar con la influencia de la educación superior americana, hoy tomada mayoritariamente por profesores de izquierda e izquierda extrema[5]. De hecho, los datos muestran que a mayor nivel académico más aprobación tiene el socialismo. Así, entre personas con posgrado esta es de 41 %, mientras entre personas con educación

1. Paniagua, "Marx culpable", 113.
2. *Ibid.*
3. Pluckrose y Lindsay, *Cynical Theories*, 30.
4. Pew Research Center, "Modest Declines in Positive Views of 'Socialism' and 'Capitalism' in U.S.".
5. Abrams, "Professors Moved Left since 1990s, Rest of Country Did Not".

escolar completa o menos es de 35 %. Y si bien podrá discutirse la definición exacta que estos grupos tienen del concepto "socialismo", la verdad es que todos parecen compartir la intuición de que es un sistema más humano que el capitalista.

Cuando se habla de "comunismo" existe una aceptación cultural que sería imposible concebir para su equivalente totalitario, el nazismo. Y esta tiene que ver, en parte, con el lavado de imagen que la intelectualidad occidental ha hecho del comunismo y con la ignorancia respecto de este en la población. Basta revisar la definición de comunismo de la *Enciclopedia británica para niños* para entender este trabajo sistemático de hegemonía cultural en favor del comunismo: "El comunismo es un tipo de gobierno, así como un sistema económico (una forma de crear y compartir la riqueza). En un sistema comunista, las personas individuales no poseen tierras, fábricas ni maquinaria. En su lugar, el gobierno o toda la comunidad son los propietarios de estos bienes. Se supone que todos deben compartir la riqueza que crean", señala y luego agrega:

> En el siglo XIX, muchos países siguieron el sistema económico llamado capitalismo. Bajo el capitalismo, las personas individuales, llamadas capitalistas, poseen propiedades y dirigen empresas. Algunos capitalistas se hicieron ricos, pero pagaban muy poco a sus trabajadores. En respuesta, muchos trabajadores comenzaron a apoyar las ideas del socialismo. En un sistema socialista, el gobierno posee las empresas y distribuye la riqueza de manera más justa entre la población. Karl Marx, un pensador alemán del siglo XIX, llevó las ideas socialistas un paso más allá. Las ideas de Marx se convirtieron en la base del comunismo[6].

En esta versión idealizada del comunismo no hay mención alguna de las hambrunas masivas, del odio que motivó a los

6. "Communism", *Britannica Kids*, kids.britannica.com/kids/article/communism/352989

revolucionarios, de la catástrofe económica, de los gulags y los más de cien millones de muertos y asesinados a manos de las dictaduras comunistas. Sin embargo, la misma *Enciclopedia Britannica Kids*, cuando habla de nazismo, recuerda que "bajo el liderazgo de Adolf Hitler, los nazis iniciaron la Segunda Guerra Mundial. También llevaron a cabo el Holocausto: el asesinato de aproximadamente seis millones de judíos". Y añade: "Los nazis creían que el pueblo debía obedecer a un líder fuerte. No valoraban la democracia, el Estado de derecho, los derechos humanos ni la paz. Los nazis también enseñaban que los alemanes habían nacido para gobernar sobre lo que llamaban 'razas inferiores'. Hitler predicaba un odio especial contra los judíos"[7]. En resumen, de acuerdo a la *Enciclopedia Britannica Kids*, el comunismo es bueno, una causa noble que busca igualdad frente al abuso y el nazismo es malo, criminal e inhumano.

En 2017, el filósofo británico Roger Scruton describía así el encubrimiento que la intelectualidad europea hace de los crímenes comunistas:

> Nuestro currículo escolar se detiene constantemente en el Holocausto. Varios Estados han hecho del negacionismo de este hecho un crimen, y existen museos y monumentos dedicados a las víctimas del nazismo y el fascismo en todo el continente. Pero las millones de víctimas del comunismo son apenas recordadas. Una historia estándar de los tiempos modernos, ampliamente utilizada en nuestras escuelas, elogia la Revolución rusa por su objetivo de 'la completa destrucción de la burguesía rusa y europea', lo cual era necesario para 'la victoria del socialismo'. Esta historia (*Edad de los extremos*, de Eric Hobsbawm) no menciona la abolición de los tribunales, ni la creación de la Cheka (la policía secreta), ni las brutales expropiaciones que destruyeron la economía rusa, ni la hambruna masiva impuesta a los campesinos ucranianos. Es

7. "Nazi Party", *Britannica Kids*, kids.britannica.com/kids/article/Nazi-Party/353523

inadmisible que un historiador escriba en términos distintos a los de repulsión sobre la destrucción nazi de los judíos; pero la igualmente cruel 'destrucción de la burguesía' puede ser descrita con una aprobación sin reservas[8].

En un artículo de 2014, el profesor de Princeton y filósofo Peter Singer se preguntó precisamente por qué se daba una diferencia tan radical de actitudes frente a Adolf Hitler y Josef Stalin si ambos eran criminales igualmente genocidas[9]. Según Singer, mientras existían múltiples estatuas al líder soviético en diversos países, no había ninguna conocida al Führer. Más aún, Singer relató que había cenado en un restaurante en Nueva York que alababa a la Unión Soviética incluyendo decoración con imágenes de líderes soviéticos entre los que destacaba Stalin e incluía hasta garzones vestidos de oficiales soviéticos. Además, comentó que Nueva York tenía un bar KGB señalado que era imposible pensar en que existiera un bar de las SS o de la Gestapo. En seguida, Singer procedió a reflexionar en torno al genocidio del régimen comunista bajo Stalin comparándolo con el de Hitler en los siguientes términos:

> [...] Entre dos y tres millones de personas murieron en los campos de trabajos forzados del gulag y quizás un millón fueron fusiladas durante la Gran Guerra de finales de la década de 1930. Otros cinco millones murieron de hambre en la hambruna de 1930-1933, de los cuales 3,3 millones eran ucranianos que murieron como consecuencia de una política deliberada relacionada con su nacionalidad o su condición de campesinos relativamente prósperos, conocidos como *kulaks* [...]. El número total de muertes que Snyder atribuye a Stalin es inferior a la cifra comúnmente citada de veinte millones, estimada antes de que los historiadores tuvieran acceso a los

8. Scruton, "As the Left Surges Back, Marxism's Bloody Legacy Is Covered Up.".
9. Singer, "A Statue for Stalin?".

archivos soviéticos. No obstante, es una cifra horrenda, similar en magnitud a las matanzas de los nazis[10].

Singer añadió un punto fundamental sobre la identidad criminal entre comunismo y nazismo al sostener que los archivos soviéticos demuestran que "no se puede afirmar que los asesinatos nazis fueran peores porque las víctimas fueran seleccionadas por su raza o etnia", pues Stalin "también seleccionó a algunas de sus víctimas sobre esta base". Entre ellos, añadió, se encontraban ciudadanos ucranianos y personas pertenecientes a minorías étnicas asociadas con países limítrofes con la Unión Soviética. Más aún, Singer recordó que "las persecuciones de Stalin también se dirigieron a un número desproporcionadamente grande de judíos".

Singer elaboró una posible respuesta a la razón por la cual existe ese doble estándar moral entre nazismo y comunismo que lleva a considerar a uno como repugnante y a otro aceptable. Dice Singer que la mayor aceptación de Stalin —y de todos los comunistas, podríamos agregar— se debe probablemente al hecho de que "el comunismo conecta con algunos de nuestros impulsos más nobles, como la búsqueda de la igualdad para todos y el fin de la pobreza". Nada de eso, añadió el profesor de Princeton, puede encontrarse en el nazismo, que de manera honesta declaraba no interesarle el bien común sino el de un grupo racial. Así, en lugar de declararse inspirado por amor, el nazismo se mostraba claramente motivado por el odio[11].

Ahora bien, de que el nazismo se encontraba motivado por el odio es algo que nadie osaría discutir. En el caso del comunismo, sin embargo, dada su fraseología de amor al prójimo, esto es menos evidente a primera vista. Pero un examen un poco más detenido da cuenta de que fue el odio y no el amor por la humanidad lo que inspiró a Marx y a sus seguidores. Quien mejor advirtiera esto fue el filósofo inglés Bertrand Russell en su ensayo de 1956 "Por qué no soy comunista". Russell, un ateo anticonservador,

10. *Ibid.*

11. *Ibid.*

afirmaría que los principios teóricos del comunismo eran "falsos" y que sus máximas prácticas eran tales que producían "un incuantificable incremento de la miseria humana"[12]. De acuerdo con Russell, el principal referente de esta teoría, Karl Marx, poseía una "mente confusa" y su pensamiento estaba "casi enteramente inspirado por odio"[13]. Además, sugirió Russell, Marx era un fraude intelectual. Según el pensador británico, el autor de *El capital* estaba satisfecho con el resultado de sus teorías "no porque este concuerde con los hechos o sea lógicamente coherente, sino porque está diseñado para enfurecer a los asalariados". Más aún, Russell explica que ideas centrales de Marx, como el materialismo dialéctico, eran "pura mitología" que este difundía porque "su mayor deseo era ver a sus enemigos castigados importándole poco lo que ocurriese a sus amigos en el proceso"[14]. En otras palabras, a Marx no le interesaba en lo absoluto la verdad y manipulaba sus argumentos para engañar al público de modo de desatar la violencia, aunque esto significara que se masacrara a sus propios partidarios.

Si hubiera que definir entonces la gran diferencia entre nazismo y comunismo esta sería ante todo una de tipo retórica, pues sus motivaciones y fines, a saber, el odio y el poder total, son idénticos. El pensador francés Jean-François Revel, quien fuera comunista y luego abrazaría el liberalismo, explicó este punto señalando que, mientras el comunismo era una utopía genocida indirecta, el nazismo era una utopía genocida directa, pues este último confesaba inmediatamente sus intenciones y motivaciones. Hitler, dijo Revel, hizo lo que prometió y por tanto no había decepcionados del nazismo, pues se sabía de antemano lo que buscaba. El comunismo, en cambio, es un totalitarismo "indirecto" porque disimula sus objetivos mediante la utopía[15]. Así, concluyó Revel, el comunismo "promete la abundancia y engendra

12. Russell, "Por qué no soy comunista".
13. *Ibid*.
14. *Ibid*.
15. Revel, *La gran mascarada*, 97.

miseria, promete la libertad e impone la servidumbre, promete la igualdad y desemboca en la menos igualitaria de las sociedades con la *nomenklatura*, clase privilegiada hasta un nivel desconocido incluso en las sociedades feudales"[16]. Del mismo modo, agregó Revel, "el comunismo promete el respeto a la vida humana y procede a ejecuciones en masa; el acceso de todos a la cultura y engendra el embrutecimiento generalizado; el hombre nuevo y fosiliza al hombre"[17].

No es exagerado afirmar que siendo ambas ideologías engendros del lado más oscuro del alma humana, en cierto sentido el comunismo es más perverso que el nazismo. Y es que, al utilizar la utopía inclusiva como mascarada para todos sus crímenes torciendo la retórica y el lenguaje a niveles que ni siquiera conoció el nazismo, confunde a la gente llevándola a creer que todos serán salvados. El nazismo en cambio, si bien es idéntico en el sentido de prometer una utopía, la deja reservada para la raza aria.

Ahora bien, evidentemente, la afirmación de que nazismo y comunismo son esencialmente idénticos requiere de un análisis teórico e histórico más profundo. Esta es una tarea que resulta ineludible especialmente en tiempos en que las ideas marxistas y filomarxistas dominan las esferas intelectuales y políticas y gozan aun hoy de una aceptación popular que, como se ha dicho, resulta una amenaza seria a nuestra civilización. Por ello, lo que interesa para los efectos de este libro es demostrar que el comunismo, nazismo y fascismo son todas formas de socialismo que comparten raíces y fundamentos filosóficos. En este libro hemos analizado cinco de estos elementos centrales de las doctrinas marxistas leninistas y nazi-fascistas, aunque, sin duda, existen otros. Dado el carácter netamente destructivo de ambas ideologías, estos elementos se definen a partir de una negación, es decir, comunismo y nazismo comparten una esencia, si se puede hablar así, que es "anti" un conjunto de bienes humanos fundamentales.

16. *Ibid.*

17. *Ibid.*

El primer elemento es el antirracionalismo o relativismo epistemológico. Tanto nazis como comunistas negaron la existencia de una verdad objetiva cognoscible por todos independientemente de la raza o clase. Esto les permitió romper la unidad de la razón humana para señalar que la lógica proletaria y la burguesa y la de los arios y judíos, entre otros, eran existencialmente opuestas y que, como consecuencia, solo quedaba el conflicto violento y el exterminio de los opresores como alternativa. Para nazis y marxistas, la única verdad era la que ofrecía su ideología, y esta era irrefutable. El segundo elemento es el antiindividualismo o colectivismo. Este se deriva del primero e implica una negación del individuo y sus derechos para anteponer al colectivo —raza y clase— como criterio de acción política y argumentación teórica. El Estado, entonces, ya no vela por los derechos individuales, pues estos conspiran en contra de la clase o raza que representa la fuerza revolucionaria, sino por la tribu sin la cual el individuo es nada. Los derechos humanos individuales, por lo tanto, deben necesariamente desaparecer para concretar el proyecto colectivo. El tercer elemento es el anticapitalismo o socialismo. A diferencia de lo que sugiere la argumentación marxista, el nazismo fue una reacción anticapitalista, antiburguesa y antiliberal que, al igual que el comunismo, llevó a un control total de la economía por parte del Estado con desastrosos resultados. El cuarto elemento es el anticristianismo o gnosticismo político. Este es tal vez el menos conocido. Tanto nazis como comunistas fueron, ante todo, una reacción gnóstica en contra de la tradición judeocristiana que, junto con Grecia y Roma, sentó las bases de la civilización occidental. En lo sustancial, ambos pretendían poseer un conocimiento místico de la verdad única, que solo a ellos les había sido relevada y que los llevaría, mediante la destrucción del maligno orden cristiano prevaleciente, a crear un paraíso sobre la tierra. Se trata, en ambos casos, por lo mismo, de doctrinas escatológicas y utópicas para las cuales la ética y epistemología cristianas son un obstáculo en su afán por refundar totalmente el orden social.

El quinto y último elemento que comparten comunismo y nazismo y que analizaremos acá es el antihumanismo o luciferismo. Ambas ideologías fueron revolucionarias en el sentido de pretender recrear por completo el orden social y al hombre mismo con el fin de "purificarlo" de toda la corrupción producida por la burguesía y las "razas inferiores". Su propósito fue llegar al fin de la historia humana entendida como una etapa en que la utopía racial para los nazis y la de clase para los comunistas se alcanzara para siempre. Ambos vieron su misión como una rebelión contra el orden de Dios para suplantarlo destruyendo la creación, para sobre sus ruinas tomar la posición divina y crear un nuevo orden a imagen y semejanza de los líderes marxistas y nazis. La violencia sistemática y el terror purificador traducidos en genocidios son, así, parte esencial de las ideologías marxista y nacionalsocialista y no desviaciones de la doctrina originaria como se ha querido hacer creer en el caso del marxismo.

Los cinco elementos que configuran la identidad de estas doctrinas son tan sustanciales que hacen imposible trazar una distinción relevante entre ellas. En otras palabras, más allá de que el marxismo era internacionalista y contenía algunos elementos liberales en lo cultural, mientras el nazismo era nacionalista y, por tanto, más cercano a cierto conservadurismo de corte monárquico, el socialismo marxista leninista, el nacionalsocialismo y en menor grado el fascismo italiano, son ideologías idénticas en todo lo fundamental. Es precisamente el hecho de que contengan los mismos ingredientes lo que explica que hayan producido idénticos resultados en la práctica. Es por esta razón que se justifica la comparación que formula Singer entre Stalin y Hitler, lista a la que podemos sumar a Vladimir Lenin, Mao Tse-Tung, Pol Pot y tantos otros.

Entender, entonces, que el socialismo marxista es equivalente al nazismo en su carácter criminal, totalitario, colectivista, luciférico, escatológico, gnóstico, anticapitalista y revolucionario, resulta imprescindible para acabar con la imagen positiva de la que goza el comunismo y una de sus doctrinas fundantes, el marxismo. A su vez, esto permitirá desterrar el fantasma comunista de una buena vez y asestar un golpe letal a la credibilidad moral de todos quienes siguen a Marx desde la política, academia y cultura y que se disfrazan de "antifascistas" y antinazis en circunstancias de que el nazismo no es más que comunismo desprovisto del internacionalismo y el engaño utópico inclusivo que hacen del comunismo una ideología más seductora y destructiva.

CAPÍTULO I

Antirracionalismo o relativismo

> El relativismo es uno de los muchos delitos que cometen los intelectuales. Es una traición de la razón y de la humanidad.
>
> KARL POPPER

Polilogismo nazi-marxista

En términos simples, el racionalismo postula que existe una verdad independiente de los sujetos y que es posible conocerla utilizando las facultades de la razón humana. La lógica y la evidencia empírica son, en este contexto, herramientas ineludibles, pues sin ellas no podemos aproximarnos a ningún tipo de verdad, es decir, no podemos alcanzar el conocimiento, y todo lo que queda es un subjetivismo o relativismo radical. Esta idea implica que todos los seres humanos, sin importar nuestro sexo, raza, clase social, orientación sexual o cualquiera otra cualidad adscrita, tenemos la posibilidad de conversar e intercambiar ideas de modo de acercarnos a la verdad, aunque sea de manera imperfecta. En otras palabras, el racionalismo supone una unidad de la razón humana, lo cual implica que la estructura lógica de la mente de todos los individuos es la misma. Es por eso que no podemos decir que existen matemáticas, física o biología válidas para la raza blanca, otra para los negros y así sucesivamente. En materias éticas esto es más complejo, pero de todos modos se presume que el discurso moral elaborado sobre la base de buenas razones puede ser entendido por todos los seres humanos. El racionalismo, entendido como el uso correcto de la razón humana, siempre limitada, para acercarse a la verdad, es un pilar central de la civilización occidental y sin él no podría haber existido progreso científico, económico, moral ni material alguno, pues habríamos quedado presos de la superstición y del pensamiento mágico propio de tribus primitivas. En otras palabras, el conocimiento acerca del funcionamiento de la realidad habría sido imposible sin la confianza en la razón humana. Ahora bien, como hemos dicho, esta tiene límites que si no se reconocen lleva a una pretensión de conocimiento absoluto que podría también destruir el progreso y la libertad. El filósofo y premio nobel de economía Friedrich Hayek advirtió sobre el abuso de la razón señalando que, lo que podríamos llamar hiperracionalismo, "supone que el hombre fue originalmente dotado tanto de los atributos intelectuales como morales que le permitieron forjar deliberadamente la civilización"[18]. Inevitablemente, esta forma de hiperracionalismo conlleva la exigencia de poder absoluto para aplicar a toda la sociedad el plan que los planificadores sociales han ideado. Cuando Hayek habla de racionalismo en este contexto se refiere a la tradición francesa de intelectuales como René Descartes, Nicolás de Condorcet o Jean-Jacques Rousseau, quienes no veían ningún límite en la razón humana para diseñar el orden social, lo cual conduce a la planificación central y el totalitarismo. Esta idea planificadora, sin embargo, es falsa, pues la razón humana tiene límites y no puede pretender el conocimiento absoluto y definitivo de la verdad. Digamos entonces que lo que rechazaba Hayek era una forma utópica de racionalismo, pero defendía el correcto uso de la razón, es decir, el racionalismo bien entendido, pues creía que solo la razón, con todas sus limitaciones, nos permitía conocer gradualmente la verdad. Por eso Hayek era un convencido del método científico basado en la correcta racionalidad[19].

De acuerdo con Hayek, y este es el punto relevante para los efectos de lo que venimos tratando, había otra posición epistemológica relacionada con el racionalismo utópico recién discutido y que servía de base a ideologías totalitarias, como el nazismo y el comunismo, a saber, el relativismo. El filósofo de las ciencias austríaco Karl Popper argumentó que el relativismo puede considerarse "uno de los muchos crímenes cometidos por los intelectuales",

18. Hayek, *The Constitution of Liberty*, 54.

19. Caldwell, "Hayek's Scientific Subjectivism", 309.

porque conlleva una "traición a la razón y a la humanidad"[20]. Popper añadió que el conocimiento "consiste en la búsqueda de la verdad, la búsqueda de teorías explicativas objetivamente verdaderas", es decir, válida para todos los individuos sin importar sus opiniones, gustos, raza, sexo o clase social[21].

Hayek estaba de acuerdo con Popper. A principios de la década de los treinta, desesperado al observar que buena parte de la intelectualidad británica pensaba que los nazis eran una reacción capitalista al comunismo, Hayek, de origen austríaco, pero entonces profesor en la London School of Economics, dirigió un memorando a su director, el influyente Sir William Beveridge, titulado *Nazi-socialismo.* El título, que inspira el de este libro, apuntaba precisamente a explicar por qué el nazismo era socialismo antiburgués y antimercado y no, como creían Beveridge y muchos otros, una reacción burguesa capitalista frente al socialismo marxista. Hayek acusó de profunda liviandad intelectual a los que no veían al nazismo como socialismo, explicando que la persecución a comunistas por los nazis no era más que una lucha entre facciones rivales de un mismo movimiento:

> Nada es más superficial que considerar que las fuerzas que dominan la Alemania de hoy son reaccionarias... La persecución contra los marxistas, y contra los demócratas en general, tiende a oscurecer el hecho fundamental de que el nacionalsocialismo es un movimiento socialista genuino, cuyas ideas básicas son el fruto final de las tendencias antiliberales que iban ganando terreno rápidamente en Alemania... y que llevó a la mayor parte de la *intelligentsia* alemana primero al socialismo de cátedra y más tarde al marxismo en sus formas socialdemocrática o comunista[22].

20. Popper, *In Search of a Better World*, 5.
21. *Ibid*.
22. Hayek, *Camino de servidumbre*, 337.

Al igual que Popper, Hayek condenó el relativismo socialista como un crimen intelectual, argumentando que el antiliberalismo en Alemania estaba profundamente vinculado al "sentimiento antirracional, místico y romántico, que ha venido creciendo durante años entre la juventud alemana"[23]. Luego procedió a identificar a Karl Marx como la principal influencia intelectual detrás de este antirracionalismo que había alimentado al nazismo:

> Hay que decir que, de nuevo, la principal influencia que destruyó la creencia en la universalidad y unidad de la razón humana fueron las enseñanzas de Marx respecto al condicionamiento de clase de la naturaleza de nuestro pensamiento, respecto a la diferencia entre la lógica burguesa y la lógica proletaria, que solo necesitaba ser aplicada a otros grupos sociales, tales como las naciones y las razas, para proporcionar las armas que se usan ahora contra el racionalismo como tal[24].

Hayek añadió que era "obvio que, a partir de este relativismo intelectual que niega la existencia de verdades que pueden ser reconocidas independientemente de la raza, nación o clase, hay solo un paso hacia la postura que coloca al sentimiento por encima del pensamiento racional"[25]. Para Hayek, el antiliberalismo y el antirracionalismo estaban intrínsecamente relacionados, pues para justificar el dominio de un grupo sobre otros mediante la fuerza, su supuesta superioridad no puede demostrarse racionalmente, sino que debe aceptarse sin cuestionamientos. En consecuencia, el irracionalismo, alertó Hayek, conduce "inevitablemente a un reino de coacción universal, a la intolerancia y a la supresión de la libertad intelectual"[26].

El economista austríaco Ludwig von Mises profundizaría el análisis de Hayek en *Human Action*, su monumental tratado de

23. *Ibid.*, 339.
24. *Ibid.*, 339.
25. *Ibid.*, 339-341.
26. *Ibid.*, 340.

economía publicado en inglés el año 1949 por Yale University Press y precedido por su publicación en alemán en 1940 bajo el título *Nationalökonomie*. En él, Mises señalaría que la empresa de Marx era desbancar la razón para reemplazarla por el misticismo que tomó del filósofo alemán Friedrich Hegel. Esto le permitió convertirse en un profeta capaz de predecir el futuro de la humanidad, donde el capitalismo sería terminado luego de la revolución proletaria para dar paso al paraíso comunista[27]. Mises resume así la destrucción que hizo Marx de la unidad de la razón humana:

> La razón humana —arguyó Marx— es, por naturaleza, incapaz de hallar la verdad. La estructura lógica de la mente varía según las diferentes clases sociales. No existe una lógica universalmente válida. La mente normalmente solo produce 'ideologías'; es decir, con arreglo a la terminología marxista, conjuntos de ideas destinados a disimular y enmascarar los ruines intereses de la propia clase social del pensador. De ahí que la mentalidad 'burguesa' no interese al proletariado, esa nueva clase social que abolirá las clases y convertirá la tierra en auténtico edén[28].

Como observó Mises, para Marx y sus seguidores, los proletarios tenían una lógica —verdadera— y los capitalistas otra lógica, una falsa. El capitalista es parte de la estructura de producción y es esa estructura económica la que define su sistema de creencias, es decir, lo que Marx llama ideología. En palabras más simples, para Marx todas las ideas son producto del sistema económico, esto es, de las relaciones productivas que predominan. Así, no hay mentes independientes de él —salvo milagrosamente la de los marxistas mismos— y, por tanto, el capitalista vive bajo una falsa consciencia que le es impuesta por el sistema económico para que este lo defienda. En *La ideología alemana* Marx escribió que "las formaciones nebulosas que se condensan en el cerebro de los

27. Mises, *La acción humana*, 89.
28. *Ibid.*, 90.

hombres son sublimaciones necesarias de su proceso material de vida, proceso empíricamente registrable y sujeto a condiciones materiales"[29]. De este modo, "la moral, la religión, la metafísica y cualquier otra ideología y las formas de conciencia que a ellas corresponden no tienen su propia historia ni su propio desarrollo"[30]. Y dado que toda la moral, las ideas, el arte, la religión y así sucesivamente, no son un producto, en primer lugar, de la mente humana, pues la mente humana se encuentra predeterminada por la estructura de producción determinando así también todo lo que esta genera, si cambia la estructura de producción material y el intercambio material de los hombres, cambian también "el pensamiento y los productos de su pensamiento". Y es que, concluye Marx, "no es la conciencia la que determina la vida, sino la vida la que determina la conciencia"[31]. En otras palabras, somos simples marionetas sujetas a las condiciones materiales de existencia, las que nos hacen incapaces de pensar por nosotros mismos. Esto significa, como hemos sugerido, que en todo sistema económico, las ideas, la moral, la religión, el arte y todo lo demás, son las de la clase dominante que sostiene el sistema económico. Dice Marx:

> Las ideas de la clase dominante son, en cada época, las ideas dominantes. En otras palabras, la clase que ejerce el poder material en la sociedad es, al mismo tiempo, la que ejerce el poder espiritual. Quien posee los medios de producción material posee también los medios de producción espiritual, lo que hace que, en general, las ideas de quienes carecen de tales medios se sometan a las de esa clase. Las ideas dominantes no son otra cosa que la expresión ideal de las relaciones materiales dominantes: son esas mismas relaciones materiales concebidas como ideas. Por lo tanto, las relaciones que convierten a una determinada clase en la clase dominante son las mismas que otorgan carácter dominante a sus ideas. Los individuos

29. Marx, *La ideología alemana*, 26.
30. *Ibid*.
31. *Ibid*.

> que forman la clase dominante son conscientes de su posición y piensan en función de ella. Así, al dominar como clase y determinar el conjunto de la vida en una época histórica, lo hacen en todos los ámbitos y, entre otras cosas, también como productores y reguladores de las ideas. De este modo, controlan la producción y la distribución de las ideas de su tiempo, y por eso sus ideas son, precisamente, las ideas dominantes de la época[32].

Lo anterior no implica que la clase dominante entienda el proceso que da origen a sus ideas, sino solo que sabe que es clase dominante. Y en el capitalismo ella necesariamente desarrolla su "ideología", que según la definición de Marx es un sistema falso de creencias, para refirmar su posición explotadora. Dicho en términos sencillos: el capitalista y el burgués piensan lo que piensan porque son capitalistas, pues sus ideas deben justificar necesariamente el sistema que les da sus privilegios, no porque ellos quieran, sino porque el mismo sistema económico las produce, como si este tuviera una mente propia que buscara sobrevivir y reafirmarse haciendo que todas las ideas dominantes en la sociedad y la cultura, sean las de la clase que sostiene el sistema, es decir, de los burgueses, quienes a su vez las promueven de manera inconsciente. Los únicos capaces de ver más allá de la ficción creada por esta Matrix, para usar la analogía con la película, y superar la ley de la ideología como resultado de las condiciones materiales son, por supuesto, Marx y sus seguidores, quienes como iluminados y elegidos pueden conocer la verdad, aunque pertenezcan ellos mismos a la clase burguesa dominante. Según las "Letters on Logic" publicadas en 1905, escritas por el filósofo marxista Joseph Dietzgen, "las ideas de la lógica proletaria no son ideas partidarias, sino conclusiones de la lógica en general"[33]. Para salvar la evidente contradicción de que él mismo no era proletario y, por tanto, su lógica debía ser burguesa según la teoría marxista, Dietzgen se presentó como un ser de intelecto superior capaz de ver más allá

32. *Ibid.*, 51.
33. Dietzgen, "Letters on Logic".

de todo el engaño creado por la Matrix capitalista: "Mi lógica merece su calificación de proletaria por la razón de que requiere, para ser comprendida, la superación de todos los prejuicios que mantienen unido al mundo capitalista"[34]. El sociólogo marxista Karl Mannheim, por su parte, aclaraba que todos, menos los intelectuales como él, tenían un punto de vista predeterminado por su clase social e intereses: "Un grupo cuya posición de clase está más o menos claramente definida ya tiene su punto de vista político decidido de antemano. Cuando no es así —como ocurre con los intelectuales— existe un campo de elección más amplio y, en correspondencia, una necesidad de una orientación y una síntesis total", escribió[35]. Y luego añadió: "Los intelectuales siguen siendo capaces de alcanzar una orientación total incluso cuando se han incorporado a un partido"[36].

Como diría Mises, "en virtud de un privilegio especial, la mente de ciertos escogidos burgueses no está manchada por el pecado original de su condición burguesa"[37]. Así, "ni Marx, hijo de un pudiente abogado, casado con la hija de un *junker* prusiano, ni tampoco su colaborador Engels, rico fabricante textil, jamás pensaron que también pudiera afectarles a ellos esa ley, atribuyéndose, por el contrario, pese a su indudable origen burgués, plena capacidad para descubrir la verdad absoluta"[38].

Mises denominó a este antirracionalismo de Marx, "polilogismo", derivado del griego *poli* —muchas— y *logos* —lógica—. El polilogismo es precisamente la idea de que no existe una unidad en la razón humana, sino múltiples lógicas dependiendo de las clases sociales y razas. Según explicaría Mises, mientras Marx proponía un polilogismo clasista, los nazis proponían uno racial: "El polilogismo racista difiere del anterior —marxista— tan solo en que esa dispar estructura mental la atribuye a las distintas razas, proclamando

34. *Ibid.*
35. Karl Mannheim, *Ideology and Utopia: An Introduction to the Sociology of Knowledge,* 143.
36. *Ibid.*
37. Mises, *La acción humana*, 90.
38. *Ibid.*

que los miembros de cada una de ellas, independientemente de su filiación clasista, poseen la misma estructura lógica"[39].

Ya en su obra de 1944 *Omnipotent Government,* Mises advertiría que "los nazis no inventaron el polilogismo. Solo desarrollaron su propia versión"[40]. En los siglos anteriores, añadió, nadie cuestionaba la idea de que la razón humana era estructuralmente idéntica entre todos los individuos independientemente de su raza, sexo, clase social. Todo cambiaría, afirmó Mises, con Marx y los marxistas para quienes el pensamiento está determinado por la posición de clase del pensador. Como, bajo el criterio marxista, el pensamiento no produce verdad alguna sino solo ideologías serviles a la estructura económica que disfraza el interés egoísta del burgués, entonces no hay nada que discutir con otra clase social. Por ello, como explicara Mises, "los marxistas no discuten los méritos de las teorías físicas; simplemente revelan el origen 'burgués' de los físicos"[41].

Es bastante evidente que esta teoría de Marx, en que él y sus seguidores declaran ser los únicos capaces de conocer la verdad absoluta, es pura charlatanería, pero ofreció los argumentos perfectos para avanzar la causa nazi y comunista. Como los marxistas, los nazis tampoco podían demostrar sus teorías racionalmente. Así, lo que hicieron, explicó Mises, fue "refugiarse bajo el techo del polilogismo, preparado para ellos por los marxistas", elaborando su propia versión. En ella "la estructura lógica de la mente varía entre diferentes naciones y razas. Cada raza o nación tiene su propia lógica y, por lo tanto, su propia economía, matemáticas, física, y así sucesivamente"[42].

Ahora bien, así como para los marxistas la lógica burguesa es falsa y corrupta y no es necesario siquiera oír lo que tengan que decir los capitalistas, pues sus pensamientos y argumentos vienen ya pervertidos por su clase social, lo mismo ocurre con la

39. *Ibid.*, 90-91.
40. Mises, *Omnipotent Government*, 143.
41. *Ibid.*, 144.
42. *Ibid.*, 145.

raza. Los ataques entonces son siempre a la persona y jamás a sus ideas. Su raza o clase social lo descalifican de inmediato. Como observó Mises, "a los ojos de los marxistas, Ricardo, Freud, Bergson y Einstein están equivocados porque son burgueses; a los ojos de los nazis, están equivocados porque son judíos"[43].

Marxismo y nazismo son, por lo mismo, doctrinas irrefutables ya que no aceptan ningún argumento basado en la evidencia y las reglas de la lógica universales, interpretando cualquier refutación a sus teorías como una confirmación de las mismas. Ambas son formas de lo que Karl Popper, quien fuera socialista y luego liberal, llamó "pensamiento dogmático" y que caracteriza a las sectas religiosas. En palabras de Popper, en lugar de aceptar las refutaciones, "los seguidores de Marx reinterpretaron tanto la teoría como las pruebas para hacerlas coincidir. De este modo, rescataron la teoría de la refutación; pero lo hicieron a costa de adoptar un recurso que la hizo irrefutable"[44].

El fin de la verdad

El resultado inevitable del polilogismo es que la tolerancia, que es imprescindible para un orden social libre y democrático, se ve arrasada y reemplazada por el fanatismo que caracterizó igualmente a nazis y comunistas. Con ninguno de ellos se podía tener discusiones intentando algún encuentro, pues, al destruir la unidad de la razón humana como concepto, desaparece la posibilidad de que ellos estén en el error, lo que les permite plantearse como portadores únicos y absolutos de la verdad. Dado que el diálogo no es posible entre individuos de diversos grupos, se sigue que la alternativa para resolver diferencias es la violencia. Por eso, o el resto simplemente se sometía al Partido Nazi o Comunista, o eran vistos como enemigos que se debía eliminar. "Tanto los marxistas como los nazis solo reconocen dos categorías de adversarios", señaló Mises y añadió: "Los ajenos —ya sean miembros de una clase no proletaria o de una raza no aria— están equivocados

43. *Ibid.*

44. Popper, *Conjectures and Refutations*, 37.

porque son ajenos; los opositores de origen proletario o ario están equivocados porque son traidores. De este modo, despachan con ligereza el hecho incómodo de que exista disensión entre los miembros de lo que ellos consideran su propia clase o raza"[45].

Es de esta forma que Marx, al destruir la idea de una verdad universal alcanzable por todos los individuos, sentó las bases epistemológicas del totalitarismo comunista y, con este, el del nazismo. Y es que la racionalidad genuina, al abrirse a la posibilidad del error y a ser corregida en el proceso de discusión basado en leyes de la lógica y evidencia válidas para todos, implica necesariamente humildad intelectual y tolerancia con opiniones diferentes. La idea marxista de que hay un pequeño grupo de iluminados que conocen la verdad total y que están del lado del bien perfecto, mientras todos los demás que se oponen son ignorantes o ciegos y están del lado del mal, es la base para ejercer una violencia sistémica con apariencia de legitimidad. Por eso, ambas ideologías, tanto en su camino al poder total como cuando lo han conseguido, utilizaron el engaño y la manipulación del lenguaje para hacer imposible a las personas pensar con claridad. Como advirtió Hayek en el capítulo titulado "El fin de la verdad" de *Camino de servidumbre*, para las ideologías totalitarias "la palabra 'verdad' misma deja de tener su antiguo significado"[46]. Según Hayek, esto es así porque la verdad ya no describe algo que debe descubrirse con base en la evidencia; en cambio, se convierte en "algo que debe ser establecido por la autoridad, algo que debe creerse en interés de la unidad del esfuerzo organizado y que puede tener que modificarse según lo exijan las circunstancias de ese esfuerzo"[47]. Ello produce un clima intelectual "de completo escepticismo respecto a la verdad, que engendra la pérdida del sentido de lo que la verdad significa; la desaparición del espíritu

45. Mises, *Omnipotent Government,* 146.
46. Hayek, *Camino de servidumbre,* 251.
47. *Ibid.*

de investigación independiente y de la creencia en el poder de la convicción racional"[48].

Dada su pretensión de verdad absoluta, todo totalitarismo requiere de un aparato de adoctrinamiento de las masas que les haga creer las mentiras y distorsiones que sostienen el sistema. Hayek explicó que para que un sistema totalitario funcione eficientemente no basta forzar a todos a que trabajen para los mismos fines. Es esencial que la gente acabe por considerar los fines del Estado como sus fines propios. Por ello, la doctrina del Partido Nazi o Comunista, añadió Hayek, tiene que llegar a convertirse en las creencias de la masa, es decir, en "un credo generalmente aceptado, que lleve a los individuos, espontáneamente, en la medida de lo posible, por la vía que el planificador desea"[49]. Lo que esto permite es disminuir el sentimiento de opresión en la población, pues los gobiernos totalitarios consiguen así que la gente piense como ellos quieren[50]. Pero el efecto de la propaganda totalitaria es aún más dramático, explicó Hayek, pues sus consecuencias son "la destrucción de toda la moral social, porque minan uno de sus fundamentos: el sentido de la verdad y su respeto hacia ella"[51].

Adolf Hitler, en *Mi lucha*, sería bastante franco al señalar que el objetivo de la propaganda no era la verdad o hacer pensar a la masa, sino movilizar sus sentimientos de modo de que apoyen la causa del Estado, es decir, del partido. "El fin de la propaganda —escribió— no es la educación científica del individuo, sino llamar la atención de la masa sobre determinados hechos, procesos, necesidades, etcétera, cuya importancia solo de esta forma entra en su círculo visual"[52]. Hitler añadiría que el "arte" de la propaganda radicaba "exclusivamente en hacer esto de una manera tan perfecta que provoque la convicción de la realidad de un hecho, de la necesidad de un procedimiento, y de la justicia de algo

48. *Ibid.*
49. *Ibid.*, 241.
50. *Ibid.*
51. *Ibid.*, 243.
52. Hitler, *Mi lucha*, 116.

necesario"[53]. La misión de la propaganda era así "llamar la atención de la masa" mediante una acción que debe estar "cada vez más dirigida al sentimiento y solo en parte a la llamada razón", pues "el arte de la propaganda reside justamente en la comprensión de la concepción emotiva que habita en la gran masa; en encontrar, por la forma psicológicamente adecuada, el camino para atraer la atención y el corazón del pueblo"[54].

De manera casi idéntica, Vladimir Lenin, principal líder marxista de la Revolución rusa de 1917, diría que "toda propaganda a favor del comunismo debe llevarse a cabo de un modo que equivalga a una guía práctica para el desarrollo del Estado. El comunismo debe hacerse comprensible para las masas de los trabajadores, de modo que lo consideren como su propia causa"[55]. "Debemos reeducar a las masas; solo pueden ser reeducadas mediante la agitación y la propaganda", concluía Lenin[56].

En su estudio sobre el totalitarismo nazi y comunista, la filósofa judía alemana Hannah Arendt señaló que ambos buscaban generar movimientos de masas como ningún otro sistema opresivo había hecho antes. Las masas, explicó, deben ganarse con propaganda[57]. La esencia del totalitarismo, sin embrago, no es la propaganda, sino el terror y la violencia. En su forma más pura, advirtió Arendt, el totalitarismo nazi y comunista se ve en los campos de concentración, donde la propaganda ya no es necesaria porque la violencia ha reemplazado a la razón. En una sociedad extensa la propaganda resulta necesaria porque la violencia total no es practicable. Así, terror y propaganda son complementarios[58]. Esto pues la propaganda busca precisamente hacer imposible la distinción entre la realidad y las mentiras del régimen totalitario. De

53. *Ibid.*
54. *Ibid.*
55. Lenin, "Speech Delivered at an All-Russia Conference of Political Education Workers of Gubernia and Uyezd Education Departments, November 3, 1920", 372.
56. *Ibid.*, 373.
57. Arendt, *The Origins of Totalitarianism*, 341.
58. *Ibid.*, 344.

ahí que Arendt explicara que "el sujeto ideal del dominio totalitario no es el nazi convencido ni el comunista convencido, sino personas para quienes la distinción entre hecho y ficción (es decir, la realidad de la experiencia) y la distinción entre lo verdadero y lo falso (es decir, los estándares del pensamiento) ya no existen"[59].

George Orwell analizaría la distorsión mental que buscan los totalitarismos en su clásica obra de ciencia ficción *1984*. En ella describió un escenario totalitario inspirado en la Rusia comunista, basado en lo que denominó *Newspeak* o "neolengua". La neolengua, explicó Orwell en el apéndice de *1984*, era el lenguaje oficial de Oceanía, país regido por el Gran Hermano. Ella había sido diseñada en la ficción para "satisfacer las necesidades ideológicas del Ingsoc, 'socialismo inglés'", y su propósito era no solo "proveer de un medio de expresión apropiado para la visión y los hábitos mentales de los devotos del Ingsoc, sino hacer todas las demás formas de pensamiento imposible"[60]. En otras palabras, la neolengua no busca reflejar la verdad sino imponer el poder sobre la realidad. Como consecuencia, explicó Orwell, toda idea que se desviara de la neolengua sería vista como una "herejía" y, por tanto, como algo imposible de ser pensado, pues todo pensamiento depende de las palabras que la neolengua del partido ha depurado. Con el fin de destruir el lenguaje tradicional u *Oldspeak*, como lo llamaba despectivamente el régimen totalitario de Oceanía, se inventaban nuevas palabras, se destruía el significado original de otras y, sobre todo, se eliminaban palabras indeseables, así como se reescribía el pasado histórico. Orwell, el mismo un hombre de izquierda hastiado del totalitarismo que inspiraba a su sector, representó cómo la neolengua creaba distintos tipos de vocabulario. El "vocabulario tipo B", escribió coincidiendo con Hayek, consistía en palabras "deliberadamente construidas con fines políticos", es decir, palabras que buscan "imponer una actitud mental deseada en la persona que las usa"[61].

59. *Ibid.*, 474.
60. Orwell, *1984*, 343.
61. *Ibid.*

Aunque la efectividad del lenguaje totalitario o neolengua, como escribió Orwell, fue menor de lo que esperaban Hitler y Stalin, sin duda este esfuerzo por manipular las mentes de las personas mediante el lenguaje políticamente diseñado fue otro denominador común que unió a nazis y comunistas[62]. Ahora bien, que ambos hayan sido tan similares en la manipulación del lenguaje y las formas de propaganda se debe no solo a que es el resultado natural del polilogismo, sino también, en parte, a la influencia directa de las prácticas del marxismo sobre el nazismo. El mismo Hitler reconocería que mucho de lo que aplicó en materia de adoctrinamiento y propaganda lo tomó del marxismo. En su libro de 1939, *Conversaciones con Hitler*, Hermann Rauschning, que renunciaría al Partido Nazi en 1934 por rechazar sus métodos, recordaría que el Führer admitía su gratitud con el totalitarismo comunista. Hitler dijo:

> No soy solo el conquistador, sino también el realizador del marxismo, de aquella parte que es esencial y justificada, despojada de su dogma judío-talmúdico [...]. He aprendido mucho del marxismo, y no dudo en admitirlo [...]. No me refiero a su aburrida doctrina social, ni a la concepción materialista de la historia, ni a sus absurdas teorías del "valor marginal" y cosas por el estilo. Pero sí he aprendido de sus métodos [...]. Todo el nacionalsocialismo se basa en él. Mira los clubes deportivos obreros, las células industriales, las manifestaciones de masas, los panfletos de propaganda escritos especialmente para ser comprendidos por las masas; todos estos nuevos métodos de lucha política son esencialmente de origen marxista. Todo lo que tuve que hacer fue tomar estos métodos y adaptarlos a nuestro propósito [...]. El nacionalsocialismo es lo que el marxismo podría haber sido si hubiera roto sus absurdos y artificiales lazos con el orden democrático[63].

62. Young, Totalitarian Language: Orwell's Newspeak and Its Nazi and Communist Antecedents.

63. Rauschning, *Hitler Speaks*, 185.

Esta confesión de Hitler es totalmente coherente con el reconocimiento que hiciera en *Mi lucha* a los comunistas a pesar de sus repetidos ataques hacia ellos en la misma obra. En ella no solo declaró conocer muy bien la doctrina marxista, sino que señaló que aprendió de sus tácticas propagandísticas: "La actividad de propaganda es un instrumento que justamente las organizaciones marxistas y socialistas dominaban y empleaban con maestría. Pronto aprendí que la conveniente aplicación del recurso de la propaganda representa un verdadero arte; un arte que era y sigue siendo tan certero como desconocido para los partidos burgueses"[64].

No es casualidad que el control ideológico nazi y comunista abarcara todas las dimensiones del quehacer social e intelectual, incluyendo las ciencias naturales, pues todo debía servir a la ideología que sostiene el poder del partido. Hayek explicó que, bajo esos sistemas, los "hechos y teorías se convierten en el objeto de una doctrina oficial, no menos que en criterios de valor"[65]. Más aún, todo el aparato educativo y cultural incluyendo escuelas, ciencia, prensa, radio y cine, se usan para propagar aquellas opiniones que, "verdaderas o falsas, refuercen la creencia en la rectitud de las decisiones tomadas por la autoridad", prohibiéndose toda la información que pueda ponerla en duda. Así, incluso la ciencia ha de servir, "no a la verdad, sino a los intereses de una clase, una comunidad o un Estado"[66].

Ciencia aria y ciencia proletaria

El irracionalismo nazi y marxista, que alegaba poseer la verdad absoluta, sostenía también que su visión del mundo era "científica". Marx y Engels desde luego despreciaban otras formas de socialismo por considerarlas utópicas mientras la de ellos, decían, era basada en la verdadera ciencia. Según Engels, el socialismo científico era la "expresión teórica del movimiento proletario" y el llamado a "investigar las condiciones históricas

64. Hitler, *Mi lucha*, 114.
65. Hayek, 248.
66. *Ibid.*

[...] infundiendo de este modo a la clase llamada a hacer esta revolución, a la clase hoy oprimida, la conciencia de las condiciones y de la naturaleza de su propia acción"[67]. De este modo, la pseudociencia ideológica marxista se presentó como la verdadera ciencia destinada a la salvación de la humanidad. Hitler, desde luego, también diría que la pseudociencia racial nazi era la verdadera ciencia que llevaría a la salvación del pueblo alemán. En un discurso en septiembre de 1938, diría que "el nacionalsocialismo es un enfoque sereno y profundamente racional de la realidad, basado en el mayor conocimiento científico y en su expresión espiritual"[68].

Ni en el caso del nazismo ni en el del comunismo, sin embargo, se respetaron los mínimos parámetros genuinamente científicos, pues, como observó Hayek, todo el conocimiento debía encontrarse sometido a la ideología, incluyendo las ciencias naturales. La pseudociencia marxista y nacionalsocialista derivadas del polilogismo llevaron inevitablemente a que se planteara que existía una ciencia propiamente judía degenerada que debía eliminarse y otra aria que era pura, una burguesa corrupta que tenía que desaparecer y otra inspirada por el materialismo dialéctico marxista que era verdadera. Tanto nazis como comunistas actuaron en consecuencia. En 1940, el visionario filósofo alemán Eric Voegelin notaría que "un comunista que intentara insistir seriamente en Rusia que, a la luz de la ciencia, las fuerzas económicas podrían no ser las únicas que determinan el curso de la historia, y que algunos otros problemas podrían ser más importantes que la lucha de clases, haría mejor en suicidarse para ahorrarle al gobierno el trabajo de liquidar su sustancia maligna"[69]. Lo mismo se aplicaba en Alemania, añadió, donde un análisis para "encontrar un defecto en la base científica de la teoría de la raza superior, no era recomendable"[70].

67. Engels, *Del socialismo utópico y científico*, 88.
68. Hitler, "Speech at the Culture Convention", Núremberg, September 6, 1938.
69. Voegelin, *The Collected Works of Eric Voegelin, Volume 10: Published Essays, 1940-1952*, 57.
70. *Ibid*.

Como consecuencia, en el caso de los nazis, toda la ciencia y cultura fue "depurada" de los elementos semitas, lo que implicó no solo una violación sistemática a derechos individuales, sino la destrucción de buena parte de su base científica. Un caso emblemático de esta perversión derivada del polilogismo marxista en la Alemania nazi fue el del físico y premio nobel de 1921 Albert Einstein. Sus teorías, especialmente la de la relatividad, fueron atacadas por su carácter "judío" y no por sus méritos científicos. Y estos ataques no venían solo de masas enardecidas por la ideología nazi o de funcionarios estatales de segundo orden, sino de físicos alemanes ganadores de Premios Nobel parasitados mentalmente por la pseudociencia nacionalsocialista. Tal fue el caso de Philipp Lenard, ganador del Premio Nobel de Física en 1905. Según Lenard, asesor directo de Hitler y encargado principal del movimiento "física aria", las teorías de Einstein eran un "fraude judío" que buscaba dinamitar la verdadera física germana. Los nazis afirmaban que había una forma judía, abstracta y matematizada de hacer ciencia o pseudociencia y otra aria que era más experimental y que era la verdadera ciencia. Lenard, por su parte, se había entregado a una forma de misticismo pseudocientífico según el cual existía un espíritu que animaba la totalidad de la naturaleza[71]. Físicos destacados como Paul Weyland, Ludwig Glaser y Johannes Stark, también ganador del Nobel de Física, se sumaron a los ataques contra Einstein y su teoría de la relatividad. En 1926 Lenard y Stark escribieron una carta conjunta dando cuenta del delirio al que condujo el irracionalismo que inspiró tanto a comunistas como nazis. Hitler y los suyos, dijeron, "nos aparecen como dones de Dios venidos de tiempos antiguos, cuando las razas eran más puras, los pueblos más grandes y las mentes menos engañadas... Él está aquí. Se ha revelado como el Führer de los sinceros. Lo seguiremos"[72].

Para Stark, el espíritu judío de hacer ciencia era incompatible con el de los arios, lo que significaba que solo arios podían ser

71. Ball, "How 2 Pro-Nazi Nobelists Attacked Einstein's 'Jewish Science'".
72. *Ibid.*

científicos en el Estado nazi. El científico, dijo, "no existe solo para sí mismo ni siquiera para su ciencia. Por el contrario, en su trabajo debe servir a la nación por encima de todo"[73]. Esto significaba que los principales cargos científicos en el Estado nacionalsocialista debían estar ocupados "no por elementos ajenos al pueblo, sino únicamente por hombres alemanes con conciencia nacional"[74]. Sería, sin embargo, el mismo Hitler quien mejor resumiría la visión antirracionalista que inspiraría a los nazis:

> La simple pregunta que precede a toda empresa científica es: ¿quién es el que quiere saber algo?, ¿quién es el que quiere orientarse en el mundo que lo rodea? De ello se sigue necesariamente que solo puede haber una ciencia propia de un tipo particular de humanidad y de una época particular. Muy probablemente exista una ciencia nórdica, y una ciencia nacionalsocialista, que están necesariamente en oposición a la ciencia liberal-judía, la cual, de hecho, ya no está cumpliendo su función en ningún lugar, sino que está en proceso de anularse a sí misma[75].

Más delirante resulta todo este irracionalismo cuando se considera que Alemania en 1932, poco antes de que los nazis llegaran al poder, tenía más Premios Nobel en ciencias que Estados Unidos e Inglaterra juntos, en gran parte gracias al trabajo de científicos judíos alemanes. De los cien Premios Nobel entregados entre 1901 (cuando se creó el premio) y 1932, Alemania había ganado 33, Inglaterra 18 y Estados Unidos 6. Un cuarto de los premios recibidos por alemanes eran científicos judíos, a pesar de haber sido el 1 % de la población alemana[76]. No había un país con mejores universidades y mayor poder científico y cultural que Alemania. La purga de judíos en las universidades, la

73. *Ibid.*
74. *Ibid.*
75. *Ibid.*
76. Medawar y Pyke, *Hitler's Gift*, 3.

cultura, el arte y todos los demás espacios de progreso humano, significó una pérdida de capital humano gigantesco para Alemania y un enorme beneficio para los países que los recibieron. Si bien en el caso de la física hubo algo de pragmatismo de parte de líderes nazis preocupados más de resultados que de disputas entre teóricos, lo cierto es que de todos modos el antisemitismo del régimen aplicado a la ciencia llevó a la pérdida de miles de científicos de primer nivel, incluyendo varios premios nobel como Einstein, quien se vio obligado a emigrar a Estados Unidos. Solo de los refugiados judíos alemanes que se fueron, hubo siete nobeles y veinte que llegarían a ganar el premio después de su expulsión. En total un 20 % de todos los físicos y matemáticos alemanes fueron expulsados por ser judíos[77]. Se estima que unos dos mil seiscientos científicos y académicos, la mayoría judíos, se fueron de Alemania solo el primer año luego de las medidas antijudías decretadas en enero de 1933[78]. Mientras tanto, en Berlín, jóvenes estudiantes instigados por el ministro de propaganda Joseph Goebbels quemaban veinte mil libros de autores judíos[79] La irracionalidad de esta política derivada del polilogismo racista fue de tal magnitud que, con esos científicos en Alemania, el esfuerzo bélico que los mismos nazis iniciaron habría sido decisivamente fortalecido, especialmente en la guerra atómica y submarina[80].

El ataque de la Unión Soviética a la ciencia burguesa no fue menos destructivo y escandaloso. Un artículo del profesor ruso-americano y químico de Princeton John Turkevich para la revista *The Atlantic*, en 1958, resumía de la siguiente manera la situación bajo el comunismo:

> Durante gran parte de las últimas cuatro décadas, y particularmente bajo el régimen de Stalin, la Unión Soviética trató de violar casi todos los principios de la ciencia universal [...]

77. *Ibid.*, 10.
78. *Ibid.*, 28.
79. *Ibid.*
80. *Ibid.*, XIX.

> Se promovieron afirmaciones extraordinarias y chauvinistas en nombre de descubrimientos científicos supuestamente realizados en Rusia; hubo una condena generalizada de todo "exceso de atención a los logros de la ciencia occidental"; se restringió la exportación de revistas científicas rusas; los científicos soviéticos rara vez participaban en congresos internacionales; y pocos científicos extranjeros eran admitidos en los laboratorios soviéticos. Surgió un nuevo tipo de ciencia, una "ciencia marxista". En esta forma de ciencia, la conformidad con el materialismo dialéctico de Marx se estableció como el nuevo y esencial criterio de verdad[81].

El caso más escandaloso, recordó Turkevich, se dio con el biólogo Trofim Denisovich Lysenko, que en 1948 asumió como director de la Academia de Ciencias Soviética con el apoyo de Josef Stalin. Desde ese puesto, por más de dos décadas, inició una completa purga del conocimiento científico aplicado a la agricultura y biología para ajustarlo a la ideología marxista. La genética mendeliana, basada en los trabajos del austríaco Gregor Mendel, pensaba Lysenko, según quien no existían los genes, era una expresión reaccionaria burguesa que debía ser superada para dar paso a la verdadera genética que era la revolucionaria. En una carta a Stalin en 1947, Lysenko diría que "el mendelismo-morganismo, el neo-darwinismo weissmanista... no se desarrollan en los países occidentales capitalistas con fines agrícolas, sino que sirven a propósitos reaccionarios de eugenesia, racismo, etcétera. No existe relación entre las prácticas agrícolas y la teoría de la genética burguesa"[82]. Stalin estuvo de acuerdo y se encargó de promover a Lysenko hasta convertirlo en la máxima autoridad política y científica en la materia. Bajo Lysenko, explicó Turkevich, confirmando las observaciones de Hayek acerca del funcionamiento de los regímenes totalitarios, "se descartaron los experimentos científicos, se abandonó el razonamiento científico, y el caso fue decidido de

81. Turkevich, "The Scientist in the U.S.S.R.".
82. Borinskaya, Ermolaev y Kolchinsky, "Lysenkoism Against Genetics".

manera arbitraria mediante una declaración *ex cathedra* del Comité Central del Partido Comunista"[83]. Como consecuencia, se produjo "la muerte de la genética como ciencia en la Unión Soviética y la desaparición de varios destacados académicos rusos de la actividad científica"[84]. Entre otras medidas, desde la Academia de Ciencias, Lysenko prohibió los abonos, impuso la utilización del trigo de los faraones y proscribió las hibridaciones, todo lo cual llevó a un retroceso colosal en investigación científica y hambrunas masivas luego de que la producción agrícola, cuya economía había ya sido arruinada por la colectivización, cayera a la mitad[85].

Lysenko, considerado un charlatán por los científicos serios de la época, tal como observó Turkevich, purgó a aquellos que adherían a la supuesta ciencia "burguesa". Nikolai Vavilov, uno de los más grandes biólogos del siglo XX, que lideraba la oposición a Lysenko, fue arrestado, encarcelado y dejado morir de hambre en la cárcel por su rechazo a la idea de que existía una ciencia marxista superior y más pura que la que los comunistas descalificaban como burguesa[86]. Del mismo modo, emulando a los nazis que purgaron a los científicos judíos para favorecer a los "arios", los comunistas se deshicieron de científicos considerados de clase burguesa para reemplazarlos por otros de familias obreras y campesinas[87]. Los sucesivos desastres a los que condujeron las políticas de Lysenko fueron, por supuesto, atribuidos a sus enemigos, cuestión que agradaba a Stalin, quien no podía concebir una ciencia fuera del marxismo.

Como en la Alemania nazi, en la Rusia comunista —y en todos los países comunistas cabe agregar— fue la totalidad de la ciencia y la cultura la que resultó objeto de la depuración ideológica bajo el régimen soviético desde tiempos de Lenin. También la teoría de la relatividad de Einstein fue atacada, pero por ser

83. Turkevich, "The Scientist in the U.S.S.R.".

84. *Ibid.*

85. Revel, *La gran mascarada*, 113.

86. Romeo, "The Weed Scientist Who Brought Down the Wrath of Stalin".

87. Borinskaya, Ermolaev y Kolchinsky, "Lysenkoism Against Genetics".

una expresión "burguesa". Los físicos N. P. Kasterin, V. F. Mitkevich, y A. K. Timiryazev, este último que llegaría a ser un eminente científico en Rusia, dirían que las teorías de la relatividad de Einstein eran incompatibles con el materialismo dialéctico[88]. Si bien al principio las teorías de Einstein eran aceptadas en la URSS, la ideología marxista que imperaba eventualmente desató férreos debates en torno a su incompatibilidad con el marxismo dado su carácter materialista, el que se oponía al supuesto "idealismo" de Einstein y sus matemáticas. Finalmente, bajo Stalin, la discusión se suprimió por completo y varios físicos que apoyaban las teorías de Einstein fueron eliminados. El historiador Alexander Vucinich resume así los hechos:

> ... el objetivo de las políticas estalinistas, llevadas a cabo mediante un reinado continuo de terror, era eliminar las fuerzas divisorias en la ciencia tanto como en la filosofía y la ideología. Como parte del esfuerzo [...] los filósofos estalinistas libraron una amarga guerra contra las amenazas "idealistas", "burguesas" y otras amenazas ajenas a la pureza ideológica de la ciencia soviética. A comienzos de los años treinta, convertir la ideología en un sistema de creencias cuasi-religiosas y suprimir a los enemigos ideológicos se convirtió en la principal preocupación del Estado. A fines de los años treinta, la ideología proporcionaba la justificación para enviar a innumerables ciudadanos a colonias penales y exponer públicamente a la vilificación a individuos destacados en las artes y las ciencias[89].

Aunque la presión ideológica fue menos intensa luego de la muerte de Stalin dadas las necesidades prácticas de la URSS, no cabe duda de que el polilogismo que postuló el marxismo hizo un daño gigantesco a Rusia durante todo el régimen comunista. Y si bien en ciencias naturales se permitió un grado mayor de

88. Gribanov, *Albert Einstein's Philosophical Views and the Theory of Relativity*, 16.
89. Vucinich, *Einstein and Soviet Ideology*, 2.

pragmatismo, siempre bajo control total del partido, en ciencia económica jamás fue superada la doctrina oficial marxista, según la cual el comunismo era un sistema inmensamente superior al capitalismo para producir riqueza e igualdad. Los economistas occidentales fueron simplemente rechazados como "burgueses" carentes de toda comprensión del fenómeno económico. Esta negación de la realidad, que en ciencias naturales generó devastación bajo Lenin y especialmente Stalin, en economía produjo finalmente el colapso de la URSS.

Todo lo anterior, como hemos advertido, se deriva del hecho de que comunismo y nazismo comparten la misma naturaleza ideológica en el sentido de que se trata de doctrinas que se fundan en un rechazo visceral de la realidad con el fin de someter a todos quienes piensen diferente al proyecto totalitario de aquellos que declaran ser portadores únicos de la verdad. Como bien afirmara Revel refiriéndose al socialismo —nazi o marxista—, "toda ideología es intrínsicamente falsa por sus causas, motivaciones y fines", pues no acepta la realidad "ni como fuente de información ni como juez del correcto fundamento de la acción"[90]. O en palabras del premio nobel de economía Douglass North, "las ideologías son materias de fe antes que de razón, y subsisten pese a las abrumadoras pruebas en contrario"[91]. Esta negación ideológica de la verdad objetiva, derivada del irracionalismo, al dinamitar la unidad de la razón humana y postular que la lógica responde a tribus o colectivos, donde una es verdadera y las otras falsas, pavimenta el camino a otro elemento propio del totalitarismo que caracterizó a nazis y comunistas: el antiindividualismo o colectivismo.

90. Revel, *La gran mascarada*, 61.

91. North, "¿Qué queremos decir cuando hablamos de racionalidad?", 3.

CAPÍTULO II

Antiindividualismo o colectivismo

> La principal característica del colectivismo es que ignora la voluntad individual y la autodeterminación moral. Según esta filosofía, el individuo nace en un colectivo y es "natural" y apropiado que se comporte como se espera que lo hagan los miembros de este colectivo. ¿Quién espera esto? Por supuesto, aquellos individuos a quienes, por los misteriosos decretos de algún agente misterioso, se les ha confiado la tarea de determinar la voluntad colectiva y dirigir las acciones del colectivo.
>
> LUDWIG VON MISES

La doctrina del fascismo

Aunque el concepto individualismo ha sido teñido de una connotación moral negativa por intelectuales de izquierda afines al socialismo y algunos conservadores, lo cierto es que esta filosofía es la única compatible con la dignidad humana. Como explicara Hayek, el verdadero individualismo se oponía a las "teorías colectivistas de la sociedad" que pretenden comprender totalidades como la "sociedad", la raza o la clase como entidades que existen "independientemente de los individuos que las componen"[92]. En otras palabras, es una falacia atribuir características propias de los individuos a categorías abstractas que se refieren a grupos de individuos. Este es precisamente el tipo de argumentación que utilizan los socialistas para negar las libertades y derechos individuales en nombre del supuesto interés común. Aunque existe un espacio para pensar en casos específicos de interés común que entren en tensión con el individual, en general debe decirse que "la

92. Hayek, "Individualism: True and False", 8.

sociedad" no existe de manera independiente de los individuos que la componen, es decir, no hay algo así como una "sociedad" en abstracto. "La sociedad" ni tiene inteligencia, ni actúa, ni tiene emociones porque no es un ente aparte de las personas. El sociólogo Max Weber explicaría que para fines sociológicos "no existe algo así como una personalidad colectiva que actúa. Cuando se hace referencia en el contexto sociológico a un Estado, nación, o corporación, [...] o colectividades similares a lo que se hace referencia [...] es solo a cierto tipo de desarrollo de acciones sociales actuales o posibles de personas individuales"[93].

De este modo "la sociedad" no puede tener intereses distintos a los de sus miembros y el "interés colectivo" no es una justificación que pueda utilizarse para aplastar los derechos del individuo. No es que la sociedad no exista de ningún modo. Lo que ocurre es que esta no es una entidad aparte de los individuos que la componen ni tiene un interés distinto al de ellos. La sociedad es un evento que surge de los intercambios e interacciones permanentes de los distintos individuos y los grupos que estos conforman. En consecuencia, donde no hay libertad de actuar e interactuar no puede haber sociedad ni resguardarse el "interés social", pues este precisamente se satisface y emerge de la interacción libre de las personas, así como un juego emerge de la interacción de los jugadores. Thomas Jefferson, tercer presidente de Estados Unidos y redactor de la declaración de independencia de ese país, expresaría esta idea libertaria de manera insuperable cuando sostuvo que "el bien común se promueve de la mejor manera por el esfuerzo de cada individuo buscando su propio bien a su propio modo"[94]. En otras palabras, desde el punto de vista liberal, el llamado "interés general" se garantiza con la protección de los derechos individuales de todos los miembros de la comunidad para que puedan perseguir sus fines. Por eso, en un sentido moral, Hayek diría que el verdadero individualismo implica el respeto "por el hombre individual en cuanto tal. Es decir, el reconocimiento de

93. Weber, *Economy and Society*, 1:13–14.

94. Wood, *The Idea of America*, 161.

sus propias opiniones y gustos como supremos en su propia esfera [...] y la creencia de que es deseable que los hombres desarrollen sus propios dones e inclinaciones individuales"[95].

Adam Smith, en su obra *La teoría de los sentimientos morales* de 1759, formularía una reflexión que daría cuenta de la esencia del individualismo liberal y que sería tan fulminante como profética respecto a las pretensiones totalitarias de nazis, fascistas y marxistas. Según Smith, pocas cosas eran más peligrosas que los "hombres de sistema", a quienes en jerga moderna podríamos llamar "criaturas de la Matrix", por su pretensión de control absoluto sobre los individuos para diseñar el orden social a su antojo. En palabras de Smith:

> El hombre doctrinario se da ínfulas de muy sabio y está casi siempre tan fascinado con la supuesta belleza de su proyecto político ideal que no soporta la más mínima desviación de ninguna parte del mismo. Pretende aplicarlo por completo y en toda su extensión, sin atender ni a los poderosos intereses ni a los fuertes prejuicios que puedan oponérsele. Se imagina que puede organizar a los diferentes miembros de una gran sociedad con la misma desenvoltura con que dispone las piezas en un tablero de ajedrez. No percibe que las piezas del ajedrez carecen de ningún otro principio motriz salvo el que les imprime la mano, y que en el vasto tablero de la sociedad humana cada pieza posee un principio motriz propio, totalmente independiente del que la legislación arbitrariamente elija imponerle[96].

El individualismo, entonces, no tiene que ver con egoísmo, sino con la idea de que somos todos personas únicas e irrepetibles y por tanto portadoras de igual dignidad independientemente del sexo, clase social o raza. Somos capaces de juzgar y ser moralmente responsables y no debemos ser sometidos a una voluntad

95. Hayek, *Camino de servidumbre*, 102.
96. Smith, *La teoría de los sentimientos morales*, 418.

distinta a la nuestra. De ahí se sigue que tenemos derechos a la vida, la libertad y la propiedad que no pueden ser aplastados en nombre del colectivo. El pensamiento colectivista de nazis y comunistas postularía todo lo contrario. Históricamente, parte de su génesis ideológica puede rastrearse en el filósofo suizo-francés Jean-Jacques Rousseau en su libro *El contrato social*. En esa obra, Rousseau argumentó que existía algo llamado la "voluntad general" del pueblo, la que se encarnaba en el Estado y que era distinta a la voluntad separada de cada persona que integraba ese mismo pueblo. Según Rousseau, "la voluntad general" al mismo tiempo comprendía la voluntad y el interés de todos los integrantes del pueblo y era infalible: "La voluntad general está siempre en lo correcto y tiende a la ventaja del público"[97]. Ahora bien, es la clase gobernante la que interpreta esa "voluntad general", por lo que para Rousseau la autoridad era la realmente infalible. Por lo mismo, dijo Rousseau, no hay necesidad alguna de limitar el poder del Estado, ya que la autoridad siempre sabe lo que es mejor para el pueblo y siempre actúa en su beneficio, pues en cierto sentido la autoridad es el pueblo. En consecuencia, si se obliga a un individuo a hacer algo por la fuerza, si lo encarcelan o torturan por alguna razón que los gobernantes estiman justificada, se está actuando por el bien del pueblo, sin el cual no existe el bien individual. Las implicancias totalitarias de esta visión son evidentes. El filósofo Isaiah Berlin, analizando la doctrina de Rousseau, afirmó que para él "la libertad es idéntica a la autoridad y es posible tener libertad personal mediante el control completo por parte de la autoridad", por lo que "mientras más obedezcas más libertad y más control"[98]. Rousseau, continuó Berlin, cayó en un misticismo letal para la libertad al pensar que existe algo como la "voluntad general" encarnada en el Estado, que sabe mejor que los individuos cuál es su bien y su interés. Y es letal porque, como supuestamente la autoridad sabe mejor que ellos qué es lo que les conviene, entonces puede obligarlos por la fuerza a

97. Rousseau, *The Social Contract and Discourses*, 53.

98. Berlin, *Freedom and Its Betrayal*, 37.

ser "libres", ya que la libertad implica racionalmente hacer lo que sería mejor para cada uno. Según Berlin, fue esta doctrina la que sirvió de justificación para Robespierre y sus crímenes durante la sangrienta Revolución francesa, y luego para Hitler, Mussolini y las dictaduras comunistas en general[99].

El que mejor daría cuenta de la naturaleza rousseauniana antiindividualista de las ideologías comunista y nacionalsocialista fue Benito Mussolini. En su texto *La doctrina del fascismo,* Mussolini dice claramente que la doctrina fascista era una reacción contra el individualismo y el liberalismo clásico, de modo que se pueda consagrar un modelo colectivista de la sociedad en que el Estado, encarnando al pueblo, ejerza el control total sobre los individuos:

> Siendo antiindividualista, la concepción fascista se pronuncia por el Estado; y se pronuncia por el individuo en cuanto este coincide con el Estado, que es conciencia y voluntad universal del hombre en su existencia histórica. Está en contra del liberalismo clásico, que surgió de la necesidad de reaccionar contra el absolutismo y que terminó su función histórica desde que el Estado se transformó en la conciencia y voluntad populares. El liberalismo negaba al Estado en interés del individuo particular; el fascismo reconfirma al Estado como verdadera realidad del individuo. Y si la libertad ha de ser atributo del hombre real, y no de aquel abstracto fantoche en el cual pensaba el liberalismo individualista, el fascismo se pronuncia por la libertad. Se pronuncia por la única libertad que puede ser una cosa seria, a saber, la libertad del Estado y del individuo en el Estado. Ello en razón de que, para el fascista, todo reside en el Estado, y nada que sea humano o espiritual existe, y tanto a menos tiene valor, fuera del Estado. En este sentido, el fascismo es totalitario, y el Estado fascista, síntesis y unidad de todos los valores, interpreta, desarrolla e incrementa toda la vida del pueblo[100].

99. *Ibid.*, 47.

100. Mussolini, *La doctrina del fascismo*, 4.

Resulta imposible imaginar una confesión más nítida del carácter absolutamente estatista del fascismo de Mussolini y, al mismo tiempo, de lo injusta y falsa que resulta la descalificación de "fascista" aplicada a los partidarios del libre mercado y de las libertades defendidas por el liberalismo clásico en general. Más arbitraria resulta esta práctica cuando se considera que Mussolini mismo fue marxista y que gran parte de la doctrina fascista que desarrolló en conjunto con otros intelectuales se derivó de las enseñanzas de Marx.

Marx, el "maestro inmortal" de Mussolini

Convenientemente, se suele obviar la gigantesca influencia que Marx tuvo sobre el fascismo. El filósofo Giovanni Gentile, por ejemplo, a quien el dictador italiano llamaría "el filósofo del fascismo" y que ayudaría a Mussolini a escribir *La doctrina del fascismo*, llegaría a dedicar al filósofo alemán todo un libro en 1899 llamado *La filosofía de Marx*. Y aunque en ese libro Gentile criticaba aspectos de la teoría marxista, la obra cuenta con diversos elogios a Marx y sería muy relevante como aporte a la discusión sobre el marxismo en Italia, llegando a tener tal impacto que Lenin mismo daría a conocer el ensayo a amplias audiencias[101].

La influencia de Marx en el fascismo va más allá de Gentile. Según el profesor de Berkley James Gregor, uno de los principales estudiosos del fascismo en habla inglesa, "la inspiración ideológica más directa del fascismo provino de la influencia colateral de los 'subversivos' más radicales de Italia: los marxistas del sindicalismo revolucionario"[102]. El más connotado de los teóricos del sindicalismo marxista revolucionario sería el francés Georges Sorel, que promovía la violencia durante los paros como forma de derrocar el capitalismo[103]. En su obra de 1908 *Reflexiones sobre la violencia*, Sorel argumentó que "el sindicalismo revolucionario alimenta el espíritu huelguista de las multitudes, y no progresa

101. Gregor, "Giovanni Gentile and the Philosophy of the Young Karl Marx".
102. Gregor, *The Faces of Janus*, 130.
103. Mises, *Socialism*, 270.

sino allí donde surgen huelgas de magnitud dirigidas por la violencia"[104]. Ese, decía Sorel, era el camino para destruir a la burguesía aprovechando su permanente disposición a ceder ante la violencia sindicalista:

> Una política social basada en la cobardía burguesa consistente en ceder ante la amenaza no se exime de producir la idea de que la burguesía está condenada a muerte y de que su desaparición es cuestión de tiempo. Así, cada conflicto originario de violencias resulta combate de vanguardia, cuyos frutos no es hacedero barruntar; poco importa que se aleje el choque terrible, pues cada vez que se llega a las manos, los huelguistas esperan que surja la gran batalla napoleónica (en la que se aplasta definitivamente a los vencidos). Así se engendra con la práctica de las huelgas el concepto de una revolución catastrófica[105].

Como explicara Mises, Sorel quería ver "el espíritu de agresividad implacable, inherente a las masas, revivido y liberado", pues, para él, "solo contaban los disturbios, abogando por la *action directe*, es decir, el sabotaje y la huelga general, como pasos iniciales hacia la gran revolución final"[106]. Esta doctrina tuvo una extraordinaria influencia sobre el bolchevismo ruso, el fascismo italiano y el nazismo alemán[107]. El mismo Sorel apoyaría a Lenin, mientras Mussolini, que lo citaba frecuentemente, diría que el marxista Sorel era su "principal profesor"[108].

Para los seguidores de Sorel, explicó Mises, el proletariado no debía dejarse engañar por los "grandilocuentes conceptos de libertad, democracia, parlamentarismo, tan gratos a los ricos". Sorel proponía la lucha de clases, la revolución sangrienta y la

104. Sorel, *Reflexiones sobre la violencia*, 49.
105. *Ibid.*,73.
106. Mises, *Socialism*, 545.
107. Mises, *La acción humana*, 957.
108. Meisel, "A Premature Fascist? Sorel and Mussolini", 14.

"despiadada liquidación de toda la burguesía" como los únicos medios que pueden procurar a las masas obreras "el triunfo definitivo"[109]. Lo anterior explica que durante los primeros años de su vida política Mussolini formara parte de un movimiento socialista intelectualmente agresivo dirigido por eminencias marxistas[110]. Es más, Gregor recordó que "los marxistas italianos, durante los años previos a la Primera Guerra Mundial, consideraban a Mussolini una figura destacada, y era un participante bien recibido en los círculos intelectuales socialistas"[111]. Esto le permitió llegar a desempeñarse como líder político e intelectual del Partido Socialista de Italia, hasta que la Primera Guerra Mundial destruyó la unidad del socialismo italiano[112]. Gregor concluyó: "Fue durante los primeros años del siglo, y como líder de los socialistas italianos, cuando Mussolini desarrolló las ideas sobre la sociedad y la revolución que habrían de dar forma a las doctrinas del fascismo. Entre las influencias más importantes estaban las que provenían de los sindicalistas"[113].

El hecho de que el mismo Mussolini y sobre todo Hitler hablaran en contra del marxismo no invalida el argumento esencial de que en realidad comunistas y fascistas o nazis son, en esencia, gemelos que comparten las mismas raíces ideológicas antiliberales, es decir, antiburguesas. En palabras del historiador francés François Furet, "comunismo y fascismo compartieron el odio por la burguesía que les permitió unirse"[114]. Esto se confirma en el hecho ya mencionado de que Mussolini fuera buena parte de su vida un marxista convencido, militante socialista y alto dirigente del ala más revolucionaria del Partido Socialista Italiano Su familia venía de una tradición socialista marxista y eligió el nombre Benito en honor al revolucionario mexicano Benito Juárez.

109. Mises, *La acción humana*, 957.

110. Gregor, *The Faces of Janus*, 131.

111. *Ibid*.

112. *Ibid*.

113. *Ibid*.

114. Furet y Nolte, *Fascism and Communism*, 15.

De ahí que Mussolini entendiera el fascismo como una variante, aunque nacionalista, del socialismo. Y como socialista, consideró a Karl Marx como su principal referente intelectual llegando a llamarlo "nuestro maestro inmortal"[115]. Es más, por muchos años Mussolini llevó una medalla de níquel de Karl Marx como amuleto en el bolsillo. En una entrevista de 1932 en el Palazzo di Venezia, en Roma, con el biógrafo Emil Ludwig, Mussolini diría: "Era inevitable que me convirtiera en un socialista extremo, un blanquista, incluso un comunista. Llevaba en el bolsillo un medallón con la cabeza de Marx. Creo que lo consideraba una especie de talismán"[116]. Cuando fue cuestionado por Ludwig sobre qué pensaba de Marx en ese momento, el Duce no ocultó su admiración contestando que Marx "tenía una inteligencia crítica profunda y que, en cierto sentido, fue incluso un profeta"[117].

Antes de convertirse en dictador de Italia, Mussolini sería además editor de un periódico llamado *Lucha de clases* desde el cual avanzaba la causa marxista. Fue recién durante la Primera Guerra Mundial, como editor del periódico socialista *Avanti!*, que comenzó a abrazar ideas más nacionalistas. De todos modos, como demuestra la entrevista con Ludwig, Mussolini nunca dejaría de admirar a Marx siendo un marxista revolucionario completamente comprometido hasta entrada su edad adulta. En palabras del historiador alemán Ernst Nolte: "Se diga lo que se diga en detalle sobre el marxismo de Mussolini, lo cierto es que él mismo siempre se declaró marxista y rechazaba vehementemente cualquiera de las dudas que, no rara vez, se pronunciaban sobre su ortodoxia"[118]. Nolte añadió que "Marx es, entre todos los pensadores de su talla, el más citado y al que más alude Mussolini. Le sirve como referencia principal incluso cuando pide la

115. Nolte, "La influencia de Marx y Nietzsche en el socialismo del joven Mussolini", 113.

116. Ludwig, *Talks with Mussolini*, 38.

117. *Ibid.*

118. Nolte, "La influencia de Marx y Nietzsche en el socialismo del joven Mussolini", 117.

participación de Italia en la Guerra"[119]. Nolte describió la visión ideológica del Mussolini temprano en los siguientes términos:

> Para Mussolini, al igual que para todos los marxistas, la lucha de clases entre capitalistas y proletarios es la realidad absoluta de la época, su carácter universal. Está por delante de cualquier otra lucha, es la base de todo juicio, se extiende a todas las regiones del mundo. Su origen es la separación dentro de la sociedad burguesa entre los instrumentos de producción y quienes producen. De esta separación surge necesariamente la oposición hostil entre capital y trabajo. Los proletarios son quienes producen la riqueza, pero quedan excluidos de ella. Las doctrinas de Marx sobre la generación de plusvalía y explotación del trabajador se dan por supuestas[120].

El mismo Mussolini diría en 1925 que para él la violencia era "perfectamente moral, más moral que el compromiso y la transacción", y en 1927 reconocería su inspiración en la lucha de clases marxista: "Yo he hecho casi toda mi vida la apología de la violencia. La hice cuando era jefe del socialismo italiano y entonces asustaba los vientres —a veces exuberantes— de mis compañeros de carnet, con previsiones guerreras tales como 'el baño de sangre', las 'jornadas históricas'. Quería probar la capacidad combativa de esta entidad mítica, intangible, que se llamaba 'proletariado italiano'"[121].

A la luz de todo lo anterior y más allá de que Mussolini haya abandonado el internacionalismo marxista para abrazar el nacionalismo y pasar a promover una revolución orgánica más que una proletaria armada, resulta evidente que el fascismo es una adaptación del socialismo marxista con la mayoría de sus ingredientes centrales. Es por eso que, al igual que el marxismo, fascistas y nazis mostraron un rechazo visceral en contra de los derechos

119. *Ibid.*

120. *Ibid.*, 120.

121. Mussolini, *El espíritu de la revolución fascista*, 52.

humanos por considerarlos una construcción burguesa y liberal incompatible con su proyecto colectivista revolucionario.

Los derechos humanos: un fraude judío burgués

Hemos dicho que el fascismo, término que acuñaría Mussolini, tomó mucho del marxismo, aun cuando el mismo Mussolini se distanciara de elementos centrales marxistas, como el internacionalismo y la idea de que había que estatizar todo el aparato como en la Rusia soviética. Pero Mussolini no proponía capitalismo sino una economía sometida por el Estado. En 1934 dijo que le hacía "reír —reír y llorar, las dos cosas a la vez—, aquellos que hablan todavía de una economía liberal", pues "las tres cuartas partes de la economía italiana industrial y agrícola están en brazos del Estado"[122]. Y en 1930 diría que "dada la crisis general del capitalismo, las soluciones corporativas se impondrán en todas partes, pero para hacer el corporativismo pleno, completo, integral, revolucionario, se necesitan tres condiciones: un partido único, para que al lado de la disciplina económica actúe también la disciplina política, y exista, por encima de encontrados intereses, un vínculo que una a todos en una fe común"[123]. Mussolini, en esta etapa, buscaba un camino intermedio entre socialismo y capitalismo, el corporativismo, que ya no plantea la lucha de clases para eliminar a la burguesía, sino que la pone a trabajar bajo el yugo del Estado en nombre del colectivo. "Hoy nosotros enterramos al liberalismo económico, pues la corporación es en la economía lo que el Gran Consejo y Milicia son en la política", dijo en 1933[124]. Y añadiría que "el corporativismo supera al socialismo y supera al liberalismo, creando una nueva síntesis"[125]. En *La doctrina del fascismo*, aclararía el significado de la síntesis que pretendía traer la armonía de la que, según Mussolini, liberalismo y socialismo revolucionario eran incapaces:

122. *Ibid.*, 128.
123. *Ibid.*, 124.
124. *Ibid.*, 123.
125. *Ibid.*

> Es fundamento de la doctrina fascista la concepción del Estado, de su esencia, de sus cometidos, de sus finalidades. Para el fascismo, el Estado es un absoluto, ante el cual individuos y grupos son relativos. Individuos y grupos son "concebibles" en cuanto estén en el Estado. El Estado liberal no dirige el juego y el desarrollo material y espiritual de las colectividades, sino que se limita a registrar sus resultados; el Estado fascista tiene conciencia de sí, una voluntad propia, por esto es un Estado "ético" [...]. El Estado, tal como el fascismo lo concibe y lo realiza, es un hecho espiritual y moral, pues concreta la organización política, jurídica, económica, de la nación, y tal organización es, en su iniciación y en su desenvolvimiento, una manifestación del espíritu... El Estado no es solamente presente, sino que es también pasado y, sobre todo, futuro. Es el Estado el que, trascendiendo de los breves límites de las vidas individuales, representa la conciencia inmanente de la nación[126].

Más allá de la confusa ideología económica de Mussolini, quien por un lado intenta destruir el capitalismo y el liberalismo y, por otro, se declara contrario a elementos centrales del marxismo, es evidente que su filosofía era mucho más socialista que liberal en la medida en que concebía que todo, incluyendo la economía, debía estar dentro del Estado y que los derechos individuales burgueses eran un problema que debía eliminarse. Este último punto es crucial. Si para Mussolini el "credo del fascista es el heroísmo; el del burgués, el egoísmo" que debía terminarse con "la Revolución continua"[127], para Marx los derechos burgueses del individuo deben rechazarse explícitamente por las mismas razones. La idea de derechos humanos sería parte de la "ideología", es decir, de las falsas creencias burguesas que se derivan de determinadas relaciones de producción capitalista. Para Marx, como para Mussolini, la idea de derechos individuales se funda en el egoísmo y conduce a un orden en que los intereses

126. Mussolini, *La doctrina del fascismo*, 10.

127. Mussolini, *El espíritu de la revolución fascista*, 43.

de un individuo se encuentran en oposición con los intereses de todos los demás, lo que crea conflicto permanente en la sociedad civil[128]. En la sociedad liberal burguesa, el Estado, según Marx, produce la "ilusión" de que hay armonía al garantizar libertades civiles y políticas cuando lo que existe es un sistema explotador. El comunismo en cambio, con su promesa de eliminar las clases sociales, acaba de raíz con la lucha de clases y la explotación, haciendo innecesarios los derechos individuales. Según el filósofo y experto en marxismo Leszek Kolakowski, para el marxismo "los derechos humanos son simplemente la fachada del sistema capitalista; en la nueva sociedad unificada se han vuelto completamente irrelevantes"[129].

El mismo Marx en su *Ensayo sobre la cuestión judía,* resumiría su rechazo a los derechos humanos como la vida, la libertad y la propiedad en términos muy similares a los de Mussolini:

> Ninguno de los llamados derechos humanos va, por tanto, más allá del hombre egoísta, del hombre como miembro de la sociedad burguesa, es decir, del individuo replegado en sí mismo, en su interés privado y en su arbitrariedad privada, y disociado de la comunidad. Muy lejos de concebir al hombre como ser genérico, estos derechos hacen aparecer, por el contrario, la vida genérica misma, la sociedad, como un marco externo a los individuos, como una limitación de su independencia originaria. El único nexo que los mantiene en cohesión es la necesidad natural, la necesidad y el interés privado, la conservación de su propiedad y de su persona egoísta[130].

El amigo y coautor de Marx, Friedrich Engels, por su parte denunciaría que había dos tipos de igualdad, a saber, la igualdad burguesa que implica el respeto por los derechos individuales mediante la igualdad ante la ley, y la igualdad proletaria que

128. Kolakowski, "Marxism and Human Rights", 84.

129. *Ibid.*, 85.

130. Marx, *Sobre la cuestión judía*, 30.

demandaba la eliminación de las clases sociales. Ambas estaban en conflicto irremediable, pues la igualdad burguesa que suponía la misma dignidad de todas las personas era, según Engels, una excusa que permitía mantener el derecho de propiedad y la libertad que se encontraban en la base del sistema de explotación capitalista. La igualdad proletaria, en cambio, era la verdadera igualdad y la que solo podría conseguirse mediante la revolución. En el *Anti-Dühring*, Engels escribió que con "la reivindicación burguesa de la supresión de los privilegios de clase" que eran propios de sociedades feudales, surge "la exigencia proletaria de supresión de las clases mismas"[131]. Así, añadió Engels, "la igualdad no debe ser solo aparente, no debe limitarse al ámbito del Estado, sino que tiene que realizarse también realmente en el terreno social y económico"[132]. Esto significa que el proletariado "ha devuelto golpe por golpe con la exigencia de igualdad social y económica" a la burguesía y su pretensión de "igualdad ante la ley"[133]. Engels insistió en que "el contenido real de la exigencia proletaria de igualdad es la reivindicación de la supresión de las clases"[134]. Ello ya que "la burguesía destruyó ese orden —feudal— y sobre sus ruinas levantó el orden social burgués", que sería "el reino de la libre competencia, de la libertad de movimientos, de la igualdad de derechos para todos los poseedores de mercancías y demás 'magnificencias' burguesas", todo lo cual permitió, según Engels, el desarrollo libre del "modo de producción capitalista"[135].

La igualdad ante la ley, es decir, la idea de derechos individuales es, entonces, la estafa que debe ser destruida para construir el comunismo. En la misma línea de Mussolini, Marx y Engels, en escritos de 1912 publicados posteriormente, Vladimir Lenin denunciaría el liberalismo burgués con su cultura individualista como una fachada para permitir la explotación en Rusia y evitar el triunfo

131. Engels, *Anti-Dühring*, 169.

132. *Ibid.*

133. *Ibid.*

134. *Ibid.*, 362.

135. *Ibid.*

de la revolución: "La burguesía liberal en general, y la *intelligentsia* liberal-burguesa en particular, no pueden dejar de aspirar a la libertad y la legalidad, ya que sin ellas la dominación de la burguesía es incompleta, no es ni absoluta ni está garantizada"[136].

Como el comunismo y el fascismo, la ideología nazi también se declaró antiindividualista y antiliberal arguyendo que los derechos fundamentales burgueses conspiraban en contra del proyecto revolucionario al que debían someterse los alemanes. En efecto, Hitler y los líderes socialistas del movimiento nazi denunciarían el individualismo en múltiples ocasiones. Lo mismo harían con el marxismo, al que consideraban "judío" e internacionalista, es decir, una amenaza para la identidad de la nación. A pesar de ello, en lo esencial, que era el antiindividualismo, nazis y comunistas no tienen diferencia alguna. En 1937, Hitler declaró directamente que "el principal pilar del programa nacionalsocialista es abolir el concepto liberal del individuo y el concepto marxista de la humanidad, y sustituirlos por la comunidad del pueblo, enraizada en la tierra y unida por el vínculo de la sangre común"[137]. Ahora bien, la razón para abolir el concepto de "humanidad" marxista era básicamente para centrarse en una identidad racial excluyente que definiera a Alemania. Los marxistas, en cambio, hablaban de una revolución universal de clases sin distinguir aparentemente razas. Pero lo relevante es que Hitler denunció, al igual que los marxistas, la idea burguesa de individuo titular de derechos. Si para Hitler el individuo debía perder sus derechos naturales para someterse a un proyecto colectivo racial, para los comunistas este debía perderlos para someterse a un proyecto colectivo de clases. En efecto, así como Marx y Engels prometerían que la sociedad comunista traería la unidad del pueblo al eliminar las clases, Hitler celebraría que bajo su gobierno Alemania fuera un solo pueblo unido por la sangre bajo el Estado nazi. Ese antiindividualismo ya se hacía explícito en el programa del Partido Nazi anunciado por

136. Lenin, *Two Utopias*, 544-545.

137. Hitler, "On National Socialism and World Relations: Speech Delivered in the German Reichstag on January 30, 1937".

Hitler en 1920. El décimo de sus veinticinco puntos por ejemplo señalaría que "la actividad —de los individuos— no debe ir en contra del interés general, sino que debe adaptarse al marco colectivo y en beneficio de todos"[138]. Un discurso de Hitler de enero de 1941 dejaría aún más claro el carácter antiindividualista del nazismo en términos que parecen plagiados de Marx y Engels:

> Escogimos un camino entre dos extremos. Uno de esos extremos limitaba a nuestro pueblo: era el extremo liberal-individualista, que hacía del individuo no solo el centro de interés, sino también el centro de toda acción [...]. Hemos sido puestos dentro de esta comunidad y solo dentro de ella podemos formar nuestra existencia. Hemos subordinado conscientemente todas las consideraciones a este objetivo, hemos modelado todos los intereses según él, y también todas nuestras acciones. Así surgió el mundo de pensamiento nacionalsocialista [...], afirmando que el interés común es superior a la libertad individual y a la iniciativa del individuo. Este interés común regula y ordena y, si es necesario, limita, pero también manda. Así, emprendimos en aquellos días una lucha contra todos, tanto contra los individualistas como contra los humanitaristas[139].

Para nazis, fascistas y comunistas, el colectivo, encarnado en el partido del Estado, es anterior y superior al individuo y, por tanto, las personas deben encontrarse completamente sometidas a los dictados del Estado incluso si eso significa sacrificarlas por el bien del todo. En términos muy similares a los que Marx utilizaría para desacreditar la idea liberal de derechos humanos, Hitler afirmaría que la diferencia entre "la antigua era del individualismo y el socialismo que se vislumbra en el horizonte" era que para el primero "el individuo lo es todo, todo está dirigido a mantener

138. National Socialist German Workers' Party, "Program of the National Socialist German Workers' Party".

139. Hitler, "Speech at the Berlin Sports Palace, January 30, 1941".

su vida y mejorar su existencia. Todo gira en torno a él. Es el centro. Cada persona es una figura central, como lo reconocen oficialmente sus derechos humanos adquiridos" [140]. En cambio, agregó, "en el socialismo del futuro, lo que importa es el todo, la comunidad del *Volk*. El individuo y su vida desempeñan solo un papel secundario. Puede ser sacrificado —y está dispuesto a sacrificarse— si el todo lo exige, si el bien común así lo reclama"[141]. Esta idea estaría ya en el *Mi lucha* donde Hitler argumentó que "el Estado tiene la obligación de seleccionar del conjunto del pueblo, con máximo cuidado y suma minuciosidad, aquel material humano notoriamente dotado de capacidad por la Naturaleza, para luego utilizarlo en servicio de la colectividad"[142]. Y resonando con Rousseau, Hitler añadiría su concepción del Estado como un organismo al cual deben estar sometidos todos los individuos por su propio bien y libertad: "Nosotros, como arios, entendemos únicamente el concepto de Estado como el organismo viviente de un pueblo que no solo garantiza la conservación de este, sino que también lo conduce al goce de una máxima libertad, impulsando el desarrollo de sus facultades morales e intelectuales"[143]. E insistiría en la idea de que el colectivo es superior al individuo: "La condición más esencial, por tanto, para la formación y conservación de un Estado, es la existencia de un sentimiento de solidaridad basado en la identidad de raza, así como la buena voluntad de sacrificarse por él"[144].

Todas estas reflexiones dan cuenta, una vez más, de que los derechos individuales no existen para las doctrinas colectivistas como el marxismo, el fascismo y el nazismo, pues estos se conciben como una traición a la tribu a la cual se pertenece y por la que es obligatorio sacrificarse totalmente de ser necesario. En esta cosmovisión, una tribu pura y victimizada —arios y proletarios— se

140. Wagener, *Hitler: Memoirs of a Confidant*, 16.

141. *Ibid.*

142. Hitler, *Mi lucha*, 270.

143. *Ibid.*, 245.

144. *Ibid.*, 98.

encuentra necesariamente en conflicto con otra tribu abusiva y dominante —judíos y burgueses— que ha creado un sistema que les permite oprimir a los primeros. Así, estas no tienen más alternativa que hacer una revolución de todas las estructuras sociales y económicas para ser liberadas por el líder que las encarna.

Lucha de clases y lucha de razas

Los nazis, partiendo por Hitler, podrán haber atacado al marxismo por su carácter judío, internacionalista y materialista. Pero ambos, como hemos visto, son herederos de la tradición filosófica antiindividualista, por lo que, en ese sentido fundamental, no tienen diferencia alguna. Como doctrinas colectivistas comunismo y nazismo postulan que el individuo no es más que un elemento dentro del todo, una parte de un organismo superior con características trascendentes ante las cuales debe someterse: la nación, la clase, la raza, etcétera. En palabras de Karl Popper, sin los colectivos, para ideologías como el comunismo y nazismo, el individuo "no es absolutamente nada"[145].

Este impulso colectivista es lo que se conoce como "tribalismo", que se define como una filosofía que apela a los instintos primitivos con el fin de fundirnos en grupos mediante la renuncia a nuestra responsabilidad individual[146]. Ahora bien, como advirtió Hayek, la abdicación de la responsabilidad individual está arraigada en el miedo y es incompatible con la idea de libertad individual[147]. Esto es así porque si se niega al individuo en nombre del colectivo, entonces las responsabilidades y culpas ya no son de cada persona sino de los grupos. Para el nazi, cualquier crimen de un judío contra un ario es de todos los judíos contra todos los arios y para el comunista el abuso de un burgués representa un abuso de todos los burgueses sobre todos los proletarios. De igual forma, quien está dentro del colectivo ya no es responsable por sus actos y descansa en la idea de una "responsabilidad común" o

145. Popper, *The Open Society and Its Enemies*, 8.
146. *Ibid.*, 164.
147. Hayek, *The Constitution of Liberty*, 64.

colectiva. Pero, como advirtiera Hayek, "en una sociedad libre no puede haber responsabilidad colectiva de un grupo como tal"[148]. O, en palabras de Hannah Arendt, "no existe tal cosa como la culpa colectiva o la inocencia colectiva; la culpa y la inocencia solo tienen sentido si se aplican a los individuos"[149].

Los instintos y emociones primitivas, que alimentan el tribalismo, según argumentó Hayek, tienen raíces biológicas en nuestro pasado como cazadores nómadas y están en el centro de las críticas al capitalismo, al industrialismo y a la vida civilizada en general[150]. De hecho, nuestra psicología social y moral, perfeccionada durante decenas de miles de años de evolución para garantizar la supervivencia de la especie, impulsa a los seres humanos a buscar identificación con individuos similares, a fin de formar grupos que actúan en oposición a otros grupos[151]. Como observó Charles Darwin, es precisamente la capacidad del ser humano para vincularse con otros en colectivos unidos por normas morales de fidelidad, obediencia y simpatía —las cuales facilitan el sacrificio individual por el colectivo—, lo que permitió que algunas tribus eliminaran a otras[152]. Si no se mantiene bajo control, insistió Hayek, el tribalismo puede conducir a la destrucción de la civilización[153]. Esto fue exactamente lo que ocurrió bajo el nazismo y el comunismo, cuyo tribalismo condujo al colapso de la civilización occidental basada en el individualismo en los lugares en que se impuso. Y en ambos casos, parte central del proyecto totalitario consistió en un ataque frontal a la libertad económica burguesa, es decir, al sistema capitalista sin el cual no puede existir libertad individual.

148. *Ibid.*, 73.
149. Arendt, *Responsibility and Judgment*, 29.
150. Hayek, *The Constitution of Liberty*, 7.
151. Haidt, *The Bright Future of Post-partisan Social Psychology.*
152. Darwin, *The Descent of Man, and Selection in Relation to Sex,* 132.
153. Hayek, *The Fatal Conceit: The Errors of Socialism*, 18.

CAPÍTULO III

Anticapitalismo o socialismo

> A partir de 1914 surgen de las filas del socialismo marxista un predicador tras otro que conducen al redil del nacionalsocialismo [...]. Solo más tarde alcanzó la marea del socialismo nacionalista considerable importancia y se transformó rápidamente en la doctrina hitleriana.
>
> F.A. HAYEK

Adam Smith y el reino de la libertad natural

Que los comunistas son anticapitalistas no merece mayor explicación, pues es un hecho que nadie disputa. Lo que si debe aclararse es la afirmación según la cual los nazis eran partidarios del capitalismo. Esto, como veremos, es falso, pero si hubiera sido real significaría que los nazis fueron menos represivos y totalitarios que los comunistas. La verdad, sin embargo, es que al nacionalsocialismo surgió esencialmente como una reacción en contra de la economía burguesa capitalista y encontró su origen en el pensamiento económico de diversos profesores e intelectuales socialistas. Previo a entrar en el análisis sobre el anticapitalismo o socialismo nazi, resulta esencial aclarar en qué consiste la economía liberal burguesa que los socialistas de todos los credos buscaron destruir. Entre los representantes más conocidos de la escuela económica liberal se encontraban David Ricardo, David Hume, John Stuart Mill y Adam Smith. Este último, con su obra *La riqueza de las naciones* de 1776, sería sin duda el más influyente y relevante en la historia del pensamiento económico, por lo que vale la pena detenerse en algunas de sus ideas centrales para clarificar qué queremos decir cuando hablamos de capitalismo. Smith sería, como Hume y Ricardo, un pensador representante del individualismo tanto en lo filosófico como lo económico. En el capítulo anterior afirmamos que esta filosofía supone la existencia de una igual dignidad para todos los seres humanos, que en consecuencia gozan de los mismos derechos anteriores y superiores al Estado. De ahí se sigue la igualdad ante la ley y la protección de derechos de propiedad, vida y libertad. En esta visión, el Estado tiene un rol extremadamente limitado. Es el libre juego de la persecución de los intereses individuales el que produce el progreso general de la sociedad. Smith llamaría a este el sistema de "libertad natural", entendiendo por libertad precisamente la idea de que cada persona pueda perseguir sus fines sin ser sometida coactivamente por terceros a satisfacer fines colectivos o de otros. Según Smith, bajo ese sistema de libertad natural las reglas son las siguientes:

> Toda persona en tanto que no viole las leyes de la justicia queda en perfecta libertad para perseguir su propio interés a su manera y para conducir a su trabajo y su capital hacia la competencia con toda otra persona o clase de personas. El soberano queda absolutamente exento de un deber tal que al intentar cumplirlo se expondría a innumerables confusiones, y para cuyo correcto cumplimiento ninguna sabiduría o conocimiento humano podrá jamás ser suficiente: el deber de vigilar la actividad de los individuos y dirigirla hacia las labores que más convienen al interés de la sociedad[154].

Más aún, según el sistema de la libertad natural, dice Smith, el Estado solo tiene tres deberes que cumplir: "El deber de proteger a la sociedad de la violencia e invasión de otras sociedades independientes [...], el deber de proteger, en cuanto sea posible, a cada miembro de la sociedad frente a la injusticia y opresión de cualquier otro miembro de la misma, o el deber de establecer una exacta administración de la justicia y el deber de edificar y mantener ciertas obras públicas"[155].

154. Smith, *La riqueza de las naciones*, 559-660.

155. *Ibid.*, 660.

Es bajo esa filosofía liberal e individualista, en que casi todo debe estar fuera del Estado, que Smith formularía una de sus citas más célebres afirmando que "no es la benevolencia del carnicero, el cervecero o el panadero lo que nos procura nuestra cena, sino el cuidado que ponen ellos en su propio beneficio. No nos dirigimos a su humanidad sino a su propio interés, y jamás les hablamos de nuestras necesidades sino de sus ventajas"[156]. Y en otra de las frases más famosas de *La riqueza de las naciones,* Smith resumiría el espíritu del capitalismo liberal en términos que no dejan ninguna duda acerca de su total oposición al marxismo, al fascismo y al nazismo:

> En la medida en que todo individuo procura en lo posible invertir su capital en la actividad nacional y orientar esa actividad para que su producción alcance el máximo valor, todo individuo necesariamente trabaja para hacer que el ingreso anual de la sociedad sea el máximo posible. Es verdad que por regla general él ni intenta promover el interés general ni sabe en qué medida lo está promoviendo [...] al orientar esa actividad de manera de producir un valor máximo él busca solo su propio beneficio, pero en este caso como en otros una mano invisible lo conduce a promover un objetivo que no entraba en sus propósitos. El que sea así no es necesariamente malo para la sociedad. Al perseguir su propio interés frecuentemente fomentará el de la sociedad mucho más eficazmente que si de hecho intentase fomentarlo. Nunca he visto muchas cosas buenas hechas por los que pretenden actuar en bien del pueblo[157].

Nada de lo anterior tiene que ver con egoísmo, sino con una constatación objetiva de leyes económicas entre las que se encuentran la oferta y la demanda en un orden espontáneo, es decir, no dirigido por autoridad alguna, como es el mercado. En este

156. *Ibid.*, 46.
157. *Ibid.*, 554.

orden libre se produce la división del trabajo, es decir, las personas se especializan en hacer aquello en lo que son mejores incrementando explosivamente el bienestar de todos. Del mismo modo, el libre comercio entre naciones permite una especialización mayor llevando a un incremento del progreso general. Por eso Smith era un férreo opositor al nacionalismo económico y un defensor de la libertad comercial que, en su visión, facilitaba una mayor división del trabajo incrementando la productividad y calidad de vida de todos: "La gran multiplicación de la producción de todos los diversos oficios, derivada de la división del trabajo, da lugar, en una sociedad bien gobernada, a esa riqueza universal que se extiende hasta las clases más bajas del pueblo"[158].

Pocos explicarían mejor esta visión "smitheana" que Milton Friedman en su ensayo sobre la relevancia de Adam Smith de 1976. En él, Friedman señaló que "el mercado, con cada individuo siguiendo su propio camino, sin una autoridad central que fije prioridades sociales [...], parece un caos a simple vista". Sin embargo, añadió, "a través de los ojos de Smith, vemos que es un sistema finamente ordenado y delicadamente ajustado, uno que surge de las acciones humanas, pero que no ha sido creado deliberadamente por el hombre. Es un sistema que permite coordinar el conocimiento y las habilidades dispersas de millones de personas con un propósito común"[159].

Tanto nazis como comunistas basaron sus ataques al liberalismo económico en el supuesto egoísmo corruptor de la moral social que genera y su teórico fracaso en mejorar la vida de todos. Pero lo cierto es que Smith y los liberales defendían el mercado también porque veían un valor moral en la libertad individual y además entendían que era el sistema que más iba a ayudar a los desposeídos. El supuesto egoísmo es así una acusación sin fundamento alguno de quienes aspiran a ser "hombres de sistema", como decía Smith, y concentrar el poder en sus manos. Así las cosas, resulta bastante evidente de lo explicado anteriormente

158. *Ibid.*, 42.

159. Friedman, *Adam Smith's Relevance for 1976*, 16-17.

que ningún sistema totalitario puede tolerar un mercado libre como el propuesto por Adam Smith y los economistas clásicos. Esto porque el capitalismo descansa sobre el derecho de propiedad, y la libertad de disponer de ella, bajo un régimen de Estado de derecho que, por definición, limita el poder estatal. Y ello abre un espacio gigantesco para la libertad individual que, como vimos en el capítulo anterior, es incompatible con las doctrinas colectivistas según las cuales el individuo no es nada fuera del Estado o el colectivo. Pero, además, una economía capitalista y libre permite desconcentrar el poder, pues los medios de producción no los controla el Estado, lo que constituye una amenaza para el proyecto revolucionario de nazis, fascistas y comunistas, todos quienes apuntan a conseguir el poder absoluto.

Nazi-socialismo

Para todos los socialistas, de Marx a Hitler, no se trata solo de que el capitalismo sea un sistema económico insostenible, sino profundamente corruptor de la moral social. En el *Manifiesto comunista,* Marx y Engels denunciarían la destrucción de la moral por parte de los burgueses para instalar un sistema deshumanizador y egoísta. Según ellos, la burguesía "no deja subsistir otro vínculo entre los hombres que el frío interés, el cruel pago al contado"[160]. Así, todo lo que queda son "las aguas heladas del cálculo egoísta", pues incluso "ha hecho de la dignidad personal un simple valor de cambio y desalmada libertad de comercio". De este modo, "ha establecido una explotación abierta, descarada, directa y brutal"[161]. En el mismo sentido atacaría Hitler al "egoísmo" comercial en numerosas ocasiones en *Mi lucha.* En una de ellas afirmó que construir el Estado a través de la economía era una ilusión, pues este no era más que "el resultado de las capacidades que residen en el instinto de conservación de la raza y de la especie" y esas capacidades nunca serían un "egoísmo mercantil", pues la conservación de la existencia de una especie presupone la predisposición

160. Marx y Engels, *Manifiesto del Partido Comunista*, 36.
161. *Ibid.*

al sacrificio de cada individuo[162]. Y añadiría que "el criterio fundamental del cual emana este modo de obrar" nacionalsocialista se llamaría "por oposición al egoísmo y al interés propio, idealismo. Bajo este concepto entendemos únicamente el espíritu de sacrificio del individuo en favor de la colectividad, en favor de sus semejantes"[163]. Es difícil imaginar una reflexión más comunista.

Para acabar con el sistema capitalista, Marx y Engels plantearon un programa de diez puntos[164]: 1) la expropiación de la propiedad territorial y empleo de la renta de la tierra para los gastos del Estado, 2) fuerte impuesto progresivo, 3) abolición del derecho de herencia, 4) confiscación de la propiedad de todos los emigrados y sediciosos, 5) centralización del crédito en manos del Estado por medio de un banco nacional con capital del Estado y monopolio exclusivo, 6) centralización en manos del Estado de todos los medios de transporte, 7) multiplicación de las empresas fabriles pertenecientes al Estado y de los instrumentos de producción, roturación de los terrenos incultos y mejoramiento de las tierras, según un plan general, 8) obligación de trabajar para todos; organización de ejércitos industriales, particularmente para la agricultura, 9) combinación de la agricultura y la industria con medidas encaminadas a hacer desaparecer gradualmente la oposición entre la ciudad y el campo y 10) educación pública y gratuita de todos los niños; abolición del trabajo de estos en las fábricas tal como se practica hoy; régimen de educación combinado con la producción material, etcétera.

No es fácil exagerar la similitud anticapitalista que inspiró los veinticinco puntos del programa del Partido Nacional Socialista Obrero Alemán (NSDAP) anunciados en 1920 por Hitler con aquellos propuestos en el *Manifiesto comunista*. Si en el primer punto Marx y Engels proponían expropiar la propiedad de la tierra y usar la renta para gastos del Estado, los nazis exigían "una reforma agraria conforme a nuestras necesidades nacionales, la

162. Hitler, *Mi lucha*, 98.

163. *Ibid.*, 189.

164. Marx y Engels, *Manifiesto del Partido Comunista*, 60-61.

promulgación de una ley de expropiación, sin compensación, en aras de la utilidad pública. La abolición de la renta territorial y la prohibición de toda especulación en cuanto a bienes raíces"[165]. Donde el programa comunista proponía confiscar la propiedad de los sediciosos, los nazis señalaban que se debía realizar una "lucha enérgica contra todos aquellos que, mediante sus acciones, causan daño al interés general", condenándolos a muerte. Esto incluía a los "usureros". Pero además los nazis pedían una serie de medidas socialistas contrarias al derecho de propiedad, tales como "participar en los beneficios de las grandes empresas", "la estatización de todas las empresas que han existido hasta el presente bajo la forma de sociedades", "la transferencia a las comunas de todos los grandes almacenes y el alquiler de locales a precios bajos a pequeños comerciantes", "la confiscación total de todos los beneficios de guerra" y "la supresión de los ingresos obtenidos sin trabajo ni esfuerzo, la abolición de la servidumbre de los intereses". Esta última propuesta sigue la misma línea de la estatización de la banca que proponían Marx y Engels. Y si el *Manifiesto* afirmaba que había una "obligación de trabajar para todos", los nazis en su programa afirmaban que "el primer deber de todo ciudadano debe ser el de ejercer una actividad intelectual o física". Del mismo modo, Marx y Engels sostenían que debía haber educación pública y gratuita para todos los niños y que se debía abolir el trabajo infantil, mientras los nazis exigían "prohibir el trabajo de menores, poniendo a disposición todos los medios conducentes a promover la educación física". Además, decían, "la educación debe ser responsabilidad del Estado". En esta misma línea, los nazis propusieron una serie de ideas tomadas de programas socialistas. Entre ellas, exigían "mejorar la sanidad pública protegiendo a la madre y al niño", "un sistema de pensión de alta envergadura para los ancianos" y que "el Estado cumpla con su deber de brindar oportunidades de empleo a sus ciudadanos como prioridad".

165. National Socialist German Workers' Party, "Program of the National Socialist German Workers' Party".

La mera lectura de estos puntos lleva a concluir que resulta del todo incorrecto considerar el programa económico de los nazis como uno capitalista o liberal en la tradición de Smith o cualquiera otra. Fue solo una grotesca distorsión de la realidad la que, desde el principio, condujo a la idea de que los nazis eran capitalistas. El mismo Hayek haría esta advertencia en su informe a lord Beveridge en los siguientes términos:

> Los famosos veinticinco puntos [...] reconocidos por los estatutos del Partido Nacionalsocialista como base inmutable de todas sus acciones [...] están llenos de ideas que se parecen a las de los primeros socialistas. Pero la característica dominante es un fiero odio a todo lo capitalista: búsqueda del beneficio individual, empresa a gran escala, bancos, sociedades anónimas, grandes almacenes, "finanzas internacionales y capital para préstamos", el sistema de "esclavitud del interés" en general; la abolición de todo esto se describe como "lo [indescifrable] del programa, alrededor del cual gira todo lo demás". Fue a este programa al que las masas del pueblo alemán, que ya estaban completamente bajo la influencia de las ideas colectivistas, respondieron tan entusiásticamente[166].

La identidad socialista de los nazis, dijo Hayek, llevó a que el pueblo alemán "inconscientemente" se entregara a algo "que difiere del comunismo en poco, salvo en el nombre"[167]. Más aún, Hayek explicó que la "revolución alemana" de los nazis en realidad implicaba que "la largamente temida expansión del comunismo en el corazón de Europa ya ha tenido lugar", pero que no se reconocía "porque las semejanzas fundamentales en métodos e ideas —de nazis y comunistas— quedan ocultas por las diferencias en fraseología y en los grupos privilegiados"[168]. En otras palabras, según Hayek la revolución nazi no se diferenciaba en

166. Hayek, *Camino de servidumbre*, 338.
167. *Ibid.*, 341.
168. *Ibid.*

esencia de la revolución comunista, por lo que podía decirse que el comunismo ya había triunfado en Alemania.

Hitlerismo antiburgués

En *Camino de servidumbre*, publicada antes de que terminara la guerra, Hayek incluyó un capítulo titulado *Las raíces socialistas del nazismo,* donde elaboraría una genealogía del pensamiento económico socialista que había servido de base al nazismo de Hitler. Hayek comenzó señalando que las doctrinas del nacional-socialismo eran "la cima de una larga evolución ideológica, de un proceso en el que han participado pensadores que ejercieron una gran influencia mucho más allá de las fronteras de Alemania" y que habían abierto las puertas al "colectivismo, libre de todas las huellas de una tradición individualista que pudiera embarazar su realización"[169]. En definitiva, sostuvo Hayek, "fue la unión de las fuerzas anticapitalistas de la derecha y la izquierda, la fusión del socialismo radical con el conservador, lo que expulsó de Alemania a todo lo que era liberal"[170].

Hayek procedió a analizar intelectuales marxistas como Werner Sombart, cuyo impacto en Alemania de principios del siglo XX había sido gigantesco conduciendo no solo a un anticapitalismo furibundo, sino también a un nacionalismo desenfrenado. Sombart atacaba a la civilización inglesa por considerarla liberal y mercantil, lo que producía, en su opinión, una corrupción en la identidad nacional alemana. Además, Sombart glorificaba la guerra, algo que los ingleses no hacían, en su opinión, por su cultura burguesa. Según Hayek, "la guerra es, para Sombart, la consumación del sentido heroico de la vida, y la guerra contra Inglaterra es la guerra contra el ideal opuesto, el ideal comercial de la libertad del individuo y del confort inglés"[171]. Como veremos más adelante, Hitler estaba totalmente convencido de esta idea de Sombart. Hayek continuó repasando a un pensador marxista tras

169. *Ibid.*, 255.
170. *Ibid.*, 256.
171. *Ibid.*, 259.

otro, de gran influencia en Alemania, que esbozarían argumentos similares a Sombart y que terminarían por crear el ambiente intelectual y social para el surgimiento de un socialismo, es decir, anticapitalismo, de tipo nacionalista. Para estos intelectuales, la lucha contra el liberalismo ingles era básicamente una lucha contra los valores ingleses que habían derrotado a Alemania en la Primera Guerra Mundial. Fue así como se produjo la fusión entre socialismo y nacionalismo.

El conflicto entre comunistas y nazis, observó el mismo Hayek, oscureció el hecho de que en su esencia se trata de movimientos ideológicos antiliberales y anticapitalistas con las mismas raíces. Como explicara Ludwig von Mises en su estudio de 1951 sobre el socialismo, "no existe ninguna diferencia sustancial entre las intenciones de los autodenominados 'progresistas' y las de los fascistas italianos y los nazis alemanes. Los fascistas y los nazis no estaban menos ansiosos por establecer una reglamentación total de todas las actividades económicas que aquellos gobiernos y partidos que ostentosamente publicitan sus principios antifascistas"[172].

Ciertamente los líderes del Partido Nazi no ocultarían su desprecio por el sistema capitalista. Gregor Strasser, uno de los máximos dirigentes nazis diría directamente: "Somos socialistas. Somos enemigos acérrimos del sistema económico capitalista actual, con su explotación de los económicamente débiles, su sistema salarial injusto, su forma inmoral de juzgar el valor de los seres humanos en función de su riqueza y su dinero, en lugar de su responsabilidad y desempeño, y estamos decididos a destruir este sistema pase lo que pase"[173].

Que esta cita sea usualmente atribuida a Hitler, con quien, hasta el conflicto que se desató entre ambos, Strasser colaboró estrechamente, solo confirma el hecho de que los nazis eran esencialmente tan anticapitalistas como los comunistas. Hitler, de hecho, era un gran resentido social que, desde su juventud, odiaba a los ricos. Su amigo de infancia August Kubizek, en sus memorias sobre los

172. Mises, *Socialism*, 13.

173. Roth, *Die Nationalsozialistische Betriebszellenorganisation*, 51.

años que pasaron juntos, describirá así el origen del resentimiento de Hitler luego de que fracasara en su intento de ser artista:

> Adolf, sin hogar, rechazado por la Academia y sin ninguna posibilidad de cambiar su miserable situación, desarrolló durante este período un creciente sentimiento de rebeldía. La evidente injusticia social, que le causaba un sufrimiento casi físico, también despertó en él un odio demoníaco hacia aquella riqueza inmerecida, presuntuosa y arrogante, que veíamos a nuestro alrededor. Solo mediante una protesta violenta contra este estado de cosas podía soportar su propia "vida de perro". Cierto es que, en gran medida, era culpa suya hallarse en esta posición; pero eso nunca lo admitiría[174].

El anticapitalismo de Hitler no solo se desprendía de su resentimiento hacia los ricos, sino que se seguía del rechazo al liberalismo anglosajón y, más importante aún, de su patológico antisemitismo. En *Mi lucha*, Hitler vincularía el capitalismo directamente a los judíos. Mientras la burguesía no se preocupa de cuestiones relevantes, escribió, "el judío [...] planea por un lado los métodos capitalistas de la explotación humana hasta sus últimas consecuencias, se aproxima por el otro a las víctimas de sus manejos, para luego convertirse en el líder de la 'lucha contra sí mismo'; y esto, en un sentido figurado, porque el 'gran maestro de la mentira' sabe presentarse siempre como inocente, atribuyendo la culpa a otros"[175]. Según Hitler, los judíos marxistas usaban a los obreros para dar la lucha contra el capital local, porque lo que querían era entregarle todo a la "Bolsa de valores internacional"[176]. Hitler, en otras palabras, acusaría a los marxistas de ser vendidos al capitalismo internacional controlado por los judíos.

Uno de los escritos más ilustrativos confirmando el carácter socialista del Partido Nazi sería de Joseph Goebbels. En un texto

174. Kubizek, *The Young Hitler I Knew*.
175. Hitler, *Mi lucha*, 201.
176. *Ibid*.

de 1926, titulado *The Nazi-Sozi* (*Nazi-socialista*) y que llevaba la forma de un diálogo en que Goebbels contestaba a un personaje imaginario, el futuro ministro diría lo siguiente ante una crítica de ese personaje al nazismo: "Pasaste el invierno sin problemas. Tu sola persona es un estímulo para la lucha de clases. ¿Qué te da derecho a inflar el pecho nacionalista y quejarte de la lucha de clases del proletariado? ¿Acaso no ha sido el Estado burgués un Estado de clase organizado durante casi sesenta años? ¿No dio origen a la necesidad histórica del pensamiento de la lucha de clases proletaria?"[177]. Y luego añadiría:

> ¡Sí, nos llamamos un partido de los trabajadores! Ese es el primer paso. El primer paso para alejarnos de un Estado burgués. Nos llamamos un partido de los trabajadores porque queremos liberar el trabajo, porque para nosotros el trabajo creador es el elemento que impulsa la historia, porque el trabajo, para nosotros, es más que la posesión, la educación, la clase o el origen familiar [...]. ¡Sí, nos llamamos socialistas! Ese es el segundo paso. El segundo paso contra el Estado burgués. Nos llamamos socialistas como protesta contra la mentira de la compasión social burguesa [...]. Porque este Estado burgués se ha convertido en un Estado de clase. Porque este Estado no valora el logro y la voluntad, sino que presta atención únicamente a la educación, la riqueza y la tradición. Hablamos de un Estado burgués de clase porque este Estado burgués rechaza lo más sagrado en la vida de los pueblos, transformando el amor por la propia etnia en un codicioso amor por la riqueza, excluyendo así a diecisiete millones de proletarios que sienten y piensan como alemanes[178].

Goebbels diría que los nazis eran contrarios a la lucha de clases armada como la planteaban los marxistas, pero que la idea de lucha de clases era justificada por la opresión que la burguesía había

177. Goebbels, *The Nazi-Sozi*.
178. *Ibid*.

impuesto a los trabajadores: "¿Por qué tenemos el derecho moral de quejarnos contra la lucha de clases proletaria si no destruimos primero totalmente el Estado burgués de clase y lo sustituimos por una nueva estructura socialista de comunidad alemana?".

En un discurso en 1940, Hitler reforzaría la idea de que todo el proyecto nazi, incluida la guerra que libraba Alemania, era en contra del capitalismo y de los judíos: "Si en esta guerra todo apunta a que el oro lucha contra el trabajo, el capitalismo contra los pueblos y la reacción contra el progreso de la humanidad, entonces el trabajo, los pueblos y el progreso saldrán victoriosos. Ni siquiera el apoyo de la raza judía servirá a los demás"[179]. Y agrega: "Cuando esta guerra termine [...], la nación alemana dejará de fabricar cañones y se embarcará en ocupaciones pacíficas y en la nueva labor de reconstrucción para millones de personas. Entonces demostraremos al mundo por primera vez quién es el verdadero amo, el capitalismo o el trabajo"[180]. El año siguiente, el 6 de abril de 1941, Goebbels leería un mensaje de Hitler a las tropas en el mismo tenor: "Ya es historia de la guerra cómo los ejércitos alemanes derrotaron a las legiones del capitalismo y la plutocracia. Tras cuarenta y cinco días, esta campaña en Occidente fue igualmente y rotundamente terminada"[181].

¿Lenin o Hitler?

En 1927, Goebbels daría un famoso discurso en el que comparó la revolución anticapitalista liderada por Hitler en Alemania con la que había llevado a cabo Lenin en Rusia. En su discurso, que llevaba el decidor título *¿Lenin o Hitler?*, Goebbels intentaba convencer a los anticapitalistas de la época de que si bien Lenin y Hitler apuntaban a lo mismo, el verdadero revolucionario socialista era Hitler. Según Goebbels, existían dos bloques en la política alemana. De un lado se encontraba el bloque reaccionario que abarcaba desde los socialdemócratas hasta los nacionalistas

179. Hitler, Adolf. *The Speeches of Adolf Hitler, 1921-1941.*
180. *Ibid.*
181. *Ibid.*

alemanes. En ese bloque, denunció Goebbels, "básicamente todos coinciden en proteger y blindar el sistema: la democracia, el liberalismo, el capitalismo, cosas que para ellos son sagradas e inviolables"[182]. Luego, procedería a explicar el segundo bloque, conformado por los revolucionarios anticapitalistas nazis y comunistas:

> Al lado de este bloque central conservador se encuentran los movimientos revolucionarios que reconocieron fundamental y claramente: si queremos el Estado —nuevo— del futuro, no se trata de una reforma, sino de una revolución completa. El sistema de la democracia capitalista liberal está tan podrido por dentro que no queda nada que reparar ni reformar. Debe ser destruido fundamentalmente, destrozado espiritualmente y en términos de política de poder, para que una nueva generación pueda construir un futuro sobre las ruinas del pasado. Han reconocido la esencia de una oposición consecuente en la necesidad de dirigir la revolución no solo contra los partidarios del sistema al que se lucha, sino contra el sistema mismo. Esta es la idea revolucionaria de los dos movimientos espirituales que encontraron su expresión política en el Partido Comunista y el Partido Nacional Socialista Obrero Alemán[183].

Es difícil encontrar un reconocimiento más abierto del carácter revolucionario anticapitalista del nazismo y su similitud con el comunismo que esa cita de Goebbels. Pero este fue aún más allá jugando con la idea de que Hitler era el Lenin alemán, pero superior: "Cuando hablo de Lenin o Hitler [...], hablo de estos dos hombres en la medida en que son la encarnación, la representación de una idea que creo que todos podemos aceptar y que nos preocupa profundamente. Se trata de estos dos hombres en la medida en que están superando una vieja idea del Estado y liderando una nueva. Eso es lo que está en juego aquí".

182. Joseph Goebbels, "Lenin or Hitler?".

183. *Ibid*.

Y enseguida agregó que Lenin y Hitler habían sido "hijos del sistema", convirtiéndose después en "conquistadores del sistema". Luego de una larga diatriba contra los marxistas por haber traicionado el ideal socialista y nacionalista en la Alemania de la Primera Guerra Mundial, Goebbels concluyó que "el marxismo se rindió ante sus amos y señores, ante el capital y las hienas de la explotación desenfrenada".

Goebbels también celebró el hecho de que Lenin quisiera resolver la cuestión social con una completa transformación de la economía. Sin embargo, criticó que su proyecto comunista de socialización industrial haya terminado convirtiendo a Rusia en esclava del capital financiero judío de Wall Street, donde la URSS consiguió préstamos para lidiar con la crisis económica desatada por el sistema socialista. Goebbels procedió a explicar que "el capital y el capitalismo son dos cosas diferentes" y que "la lucha es contra el capitalismo, no contra el capital". Esto porque lo relevante era, no la existencia de fábricas ni activos mineros, "sino la forma en que se gestionan y explotan, en detrimento del bienestar del pueblo". En otras palabras, según Goebbels, "el capitalismo es la distribución inmoral del capital". El marxismo era, en su opinión, "también judío en este aspecto; lucha contra el capital nacional para convertirlo en capitalismo". A pesar de esta crítica superficial y esta forzada diferencia entre capitalismo y capital, Goebbels se mostraría plenamente de acuerdo con el análisis económico de Marx:

> Karl Marx describió las causas del desarrollo capitalista con bastante acierto. La industrialización de los pueblos europeos conduce a la proletarización de clases cada vez más numerosas y a la concentración creciente de los medios de producción en manos de unos pocos. Según Marx, los medios de producción se están perdiendo paulatinamente para los trabajadores. Se desarrollan dos clases: la del trabajador explotado y la del empresario explotador. Estas dos clases deben librar una lucha

encarnizada. Por eso, el lema del marxismo es: ¡lucha de clases contra el capital![184]

Goebbels procedió a explicar que la formula nazi del capital era la de uno totalmente controlado por el Estado: "El capital nacional es el capital creativo que trabaja para la nación: está ligado a las fronteras del país, a la gente, al Estado. Consiste en fábricas, ferrocarriles, tierras, minas, edificios municipales y estatales; en resumen: el capital nacional es capital estatal, absolutamente necesario para la vida del pueblo; no podemos imaginar eliminarlo de la vida del pueblo sin tener que pensar simultáneamente en el fin de este pueblo"[185]. Solo Hitler, concluyó Goebbels, con su idea de la comunidad de destino basada en la raza, permitiría la realización del verdadero socialismo anticapitalista que los marxistas habían traicionado.

Dos caminos al socialismo: nazismo y comunismo

El discurso de Goebbels daba cuenta más de las coincidencias entre comunistas y nazis que de diferencias reales. Y, en la práctica, el sistema económico nazi funcionó de manera similar al soviético. Como explicara Mises, había dos formas de conseguir el mismo fin de establecer un sistema socialista. La primera era la marxista, que predominó en la Unión Soviética y donde básicamente todo el aparato económico se convertía en parte de la burocracia estatal. La segunda era la de la Alemania nazi, que Mises describió de la siguiente forma en una carta a *The New York Times* de 1942:

> El patrón del socialismo alemán (*Zwangswirtschaft*) se caracteriza por mantener, aunque solo de forma nominal, algunas instituciones del capitalismo. El trabajo, por supuesto, ya no es una "mercancía"; el mercado laboral ha sido solemnemente abolido; el gobierno fija las tasas salariales y asigna a cada

184. *Ibid.*

185. *Ibid.*

> trabajador el lugar donde debe trabajar. La propiedad privada ha permanecido nominalmente intacta. Sin embargo, en realidad los antiguos empresarios han sido reducidos a la condición de gerentes de tiendas (*Betriebsführer*). El gobierno les dice qué y cómo producir, a qué precios y de quién comprar, a qué precios y a quién vender. Las empresas pueden protestar contra las órdenes poco convenientes, pero la decisión final corresponde a las autoridades [...]. El intercambio en el mercado y el espíritu empresarial son solo una farsa. El gobierno, no las demandas de los consumidores, dirige la producción; el gobierno, no el mercado, fija los ingresos y gastos de cada individuo. Esto es socialismo con la apariencia externa del capitalismo: planificación total y control completo de todas las actividades económicas por parte del gobierno. Algunas de las etiquetas de la economía de mercado capitalista se conservan, pero significan algo completamente diferente de lo que representan en una economía de mercado genuina[186].

Obviamente en un orden económico en que no existe la facultad de usar, gozar y disponer con libertad de la propiedad privada, en que no hay precios ni salarios libres, ni libertad de producción ni ninguna de las características esenciales del sistema de mercado, no se puede hablar de que haya un sistema liberal o capitalista. Economista marxista y representante de la escuela de Frankfurt, Friedrich Pollock concordaría con Mises. En un artículo de 1941 analizando la economía nazi dijo lo siguiente:

> Estoy de acuerdo en que la institución legal de la propiedad privada se mantuvo, y que muchos atributos característicos del nacionalsocialismo comienzan a manifestarse, aunque todavía de manera vaga, en países no totalitarios. Pero ¿esto significa que la función de la propiedad privada no haya cambiado? ¿Es realmente el "aumento del poder de unos pocos grupos" el

186. Mises, "Reich Gets Big Shock; New Securities Ordinance Viewed as Blow at System", 8.

resultado más importante del cambio que tuvo lugar? Creo que esto alcanza mucho más profundamente y debería ser descrito como la destrucción de todos los rasgos esenciales de la propiedad privada, salvando una excepción. Incluso a las empresas más poderosas les fue negado el derecho a establecer nuevos campos de negocio en áreas donde se esperaban las mayores ganancias, o a interrumpir una producción cuando se volvía no rentable. Estos derechos fueron transferidos en su totalidad a los grupos gobernantes. El acuerdo entre los grupos en el poder determinó inicialmente la extensión y la dirección del proceso de producción. Ante tal decisión, el título de propiedad es incapaz de defenderse, incluso si proviene de la posesión de la mayoría abrumadora del capital accionario y mucho menos cuando solo posee una minoría[187].

El mismo Hitler no ocultaría el carácter antiliberal de la economía nazi ni tampoco su admiración por el sistema soviético. Ahora bien, muchas veces Hitler, mientras armaba el movimiento, ajustaba el discurso a la audiencia. Así, frente a industriales cuyo apoyo y financiamiento buscaba, soltaba grandes diatribas a favor de la propiedad y en contra de los comunistas mientras en otras ocasiones atacaba visceralmente el capitalismo[188]. Sus opiniones, sin embrago, fueron radicalizándose cada vez más hasta terminar siendo un partidario y admirador de la economía planificada de estilo soviética. El historiador alemán Rainer Zitelmann registró toda la evolución discursiva de Hitler y su relación con el capitalismo y su conclusión fue que Hitler claramente detestaba el sistema de mercado. Zitelmann dice:

> El anticapitalismo desempeñó un papel más importante en la visión del mundo de Hitler de lo que generalmente se supone. Hitler era escéptico respecto a nacionalizar todos los medios de producción porque, como darwinista social, temía

187. Pollock, “Ist der Nationalsozialismus eine neue Ordnung?”, 111.
188. Zitelmann, “The Role of Anti-Capitalism in Hitler’s World View”, 522.

que esto anulara la selección natural en el ámbito económico. Sin embargo, a partir de mediados de la década de 1930, llegó a convencerse cada vez más de que una economía planificada era muy superior a una economía de mercado y, con el tiempo, llegó a admirar cada vez más el sistema soviético[189].

En todo caso, Hitler siempre rechazó el liberalismo y cuando defendía la propiedad privada lo hacía asumiendo su sometimiento al bien común entendido según el nazismo. En 1930 Hitler dejaría clara su posición contraria a la libertad individual en materia económica con una cita que parecía refutar directamente a Adam Smith:

> En todos los negocios, y de hecho en toda la vida, tendremos que eliminar el concepto de que lo más importante es el beneficio para el individuo, y que a partir del interés propio del individuo se construye el beneficio para el conjunto; por lo tanto, que es el beneficio para el individuo lo que en realidad constituye el beneficio para la comunidad. La verdad es lo contrario. El beneficio para la comunidad determina el beneficio para el individuo. La ganancia del individuo solo se mide a partir de la ganancia de la comunidad [...]. Si este principio no se acepta, necesariamente se desarrollará un egoísmo que destruirá a la comunidad[190].

En 1936 Hitler diría que "la economía alemana aprenderá a comprender las nuevas tareas económicas, o se demostrará incapaz de seguir sobreviviendo en estos tiempos modernos en los que el Estado soviético pone en marcha un plan gigantesco"[191]. Como recuerda Zitelmann, Hitler estaba convencido de la superioridad de la economía soviética por sobre la capitalista, lo que lo llevó a intensificar el control del Estado sobre la economía

189. *Ibid.*, 515.
190. *Ibid.*, 522.
191. *Ibid.*

alemana[192]. En 1941 el Führer expresó que "un empleo sensato de los poderes de una nación solo puede lograrse con una economía planificada desde arriba", y semanas después añadiría: "En lo que respecta a la planificación de la economía, todavía estamos muy al principio y me imagino que será algo maravillosamente agradable construir un orden económico alemán y europeo abarcador"[193].

En 1942, Hitler celebró el hecho de que la economía alemana había lidiado exitosamente con diversos problemas, lo que atribuía "también al hecho de que la dirección de la economía se había vuelto gradualmente más controlada por el Estado", agregando que solo así había sido posible "imponer el objetivo nacional general frente a los intereses de grupos individuales". Y confirmando sus intenciones anticapitalistas concluía: "Incluso después de la guerra no podríamos renunciar al control estatal de la economía, porque entonces cada grupo de interés pensaría exclusivamente en el cumplimiento de sus propios deseos"[194]. En la misma línea, en julio de 1942 no ocultó su admiración por Stalin y la economía soviética: "Se debe tener un respeto absoluto por Stalin. A su manera, el tipo es todo un genio [...], su planificación económica es tan abarcadora que solo es superada por nuestro propio Plan Cuatrienal. No tengo la menor duda de que no ha habido desempleo en la URSS, a diferencia de países capitalistas como Estados Unidos"[195]. En agosto del mismo año insistió en elogiar el sistema económico comunista:

> Si Stalin hubiera continuado trabajando por otros diez o quince años, la Rusia soviética se habría convertido en la nación más poderosa de la Tierra; pueden pasar ciento cincuenta, doscientos o trescientos años, ¡es un fenómeno único! De que el nivel de vida general aumentó, no cabe duda. El pueblo no sufrió hambre. Considerándolo todo, debemos decir:

192. *Ibid.*
193. *Ibid.*, 523.
194. *Ibid.*
195. *Ibid.*

construyeron fábricas allí donde, dos años antes, no había más que aldeas olvidadas; fábricas tan grandes como las de las Obras Hermann Göring[196].

Cerca del fin de la guerra, Hitler mantuvo su fe en el socialismo económico. En una conversación con Mussolini en 1944, dijo que el capitalismo sería superado y que luego de la guerra solo sobrevivirían el sistema nacionalsocialista, el fascista y tal vez el comunista en el Este, mientras en 1945 declaró que "la era del liberalismo económico sin restricciones había llegado a su fin"[197]. En 1936 Hitler anticipó está celebración condenando el liberalismo económico: "La idea de que el uso de una fortuna, sin importar su magnitud, es un asunto exclusivamente privado del individuo, debe ser corregida con mayor razón en el Estado nacionalsocialista, porque sin la contribución de la comunidad ningún individuo habría podido gozar de tal ventaja" [198]. Y en 1937 dio cuenta del control que el Estado ya tenía sobre los medios de producción: "Le digo, por ejemplo, a la industria alemana: 'Ahora tienen que producir tal o cual cosa'. Luego retomo este asunto en el Plan Cuatrienal. Si la industria alemana me respondiera: 'No podemos hacerlo', entonces yo le diría: 'Bien, entonces me encargaré yo mismo, pero debe hacerse'. Pero si la industria me dice: 'Lo haremos', entonces me alegra mucho no tener que asumir esa tarea"[199].

Estas amenazas, como señala Zitelmann, no eran vacías, e implicaban la destrucción de la industria que se negaba a someterse a los dictados del partido. Una forma de lograrlo era mediante la creación de empresas estatales gigantescas que hacían quebrar a la competencia para absorberlas. Fue el caso de los fabricantes de acero y productores de hierro del Ruhr, que rechazaban la contraproducente política de autarquía económica del gobierno nazi,

196. *Ibid.*, 525.
197. *Ibid.*, 523-524.
198. *Ibid.*, 524.
199. *Ibid.*, 525.

pues prohibía importar insumos como el hierro haciendo toda la producción más cara. Como castigo, Hermann Göring, segunda figura del régimen nazi y encargado de la planificación de la economía de guerra por Hitler, creó su propio conglomerado estatal produciendo exceso de hierro de minas de Alemania que llevaron a quebrar a los industriales que se oponían a la política económica del régimen[200].

Pero las expropiaciones directas también estaban a la orden del día para los que no cumplieran las órdenes económicamente irracionales de los nazis. El mismo Hitler diría en febrero de 1942 en una conversación con Goebbels que "debemos proceder con rigor: todo el proceso de producción debe ser reexaminado, y los industriales que no quieran someterse a las directrices que emitimos tendrán que perder sus fábricas, sin importar que ello los arruine económicamente"[201].

En términos generales, Hitler y su círculo tenían pensado transitar hacia un sistema totalmente soviético de nacionalizaciones masivas para después de la guerra, rechazando la idea de hacerlas durante ella debido a la disrupción que podía provocar en ese momento[202]. Un memorando de Heinrich Himmler, jefe de las infames SS comentando la pregunta de por qué las SS se involucraban en actividades económicas, señaló lo siguiente:

> Esta cuestión fue planteada específicamente por círculos que piensan puramente en términos capitalistas y que no ven con buenos ojos el surgimiento de empresas que sean públicas o, al menos, de carácter público. La era del sistema liberal de negocios exigía la primacía de la empresa; en otras palabras, primero viene la empresa y después el Estado. En contraposición a esto, el nacionalsocialismo sostiene: el Estado dirige

200. Salvini, "Relations between the Nazi State and Industry: Big Business".
201. Zitelmann, "The Role of Anti-Capitalism in Hitler's World View", 525.
202. *Ibid.*, 526.

la economía; el Estado no existe para la empresa, la empresa existe para el Estado[203].

Los industriales y el nazismo: el fin de un mito

En la década de 1930, antes de transitar totalmente hacia la preferencia por la economía centralmente planificada en el sentido soviético, el régimen nazi, contra lo que había asegurado en su programa, privatizó algunas empresas que habían sido estatizadas durante la Gran Depresión y que eran una carga para el Estado en ese momento. Pero, lejos de haber sido una estrategia capitalista, tuvo por objeto concentrar las empresas en pocas manos de industriales que el régimen nazi pudiera controlar también. En 1943, Sidney Merlin publicó un estudio en el que afirmaba: "El partido facilita la acumulación de fortunas privadas y de imperios industriales por parte de sus miembros principales y colaboradores mediante la 'privatización' y otras medidas, intensificando así la centralización de los asuntos económicos y del gobierno en un grupo cada vez más reducido que, a efectos prácticos, puede considerarse la élite nacionalsocialista"[204]. Esto iba en línea con el ideal fascista de economía en la cual los capitalistas no tienen ningún derecho de propiedad sustancial y se limitan a cumplir las órdenes del gobierno. Estudios más recientes han notado que "mientras la privatización moderna ha ido de la mano de políticas de liberalización, en la Alemania nazi la privatización se aplicó dentro de un marco de creciente control estatal de toda la economía mediante la regulación y la injerencia política"[205].

En el contexto de la amenaza marxista en Alemania, es cierto que algunos empresarios apoyaron a Hitler, pero los industriales alemanes no jugaron un rol relevante en el ascenso de los nazis al poder. Es más, los empresarios veían a los nazis como revolucionarios y violentos anticapitalistas que los amenazaban. El

203. *Ibid*.
204. Merlin, "Trends in German Economic Control since 1933", 207.
205. Bel, "Against the Mainstream: Nazi Privatization in 1930s Germany".

historiador Thomas Childers de la Universidad de Pennsylvania explicó que "los nazis no fueron ni financiados ni respaldados económicamente por grandes donantes corporativos", pues los líderes empresariales "en su mayoría se mantuvieron a cierta distancia" debido a la política económica socialista con ciertas ideas proempresas de los nazis[206]. Childers recordó que el programa del partido exigía "la nacionalización de corporaciones y consorcios, la distribución de ingresos y el fin de la 'esclavitud de los intereses [...]. El capitalismo, acusaban los nazis, esclaviza a los seres humanos bajo el lema del progreso, la tecnología, la racionalización, la estandarización, etcétera"[207].

El historiador Henry Ashby Turner Jr., en su investigación sobre el financiamiento de los empresarios al movimiento nazi, concluyó que el crecimiento del partido se produjo "sin ninguna ayuda significativa de los círculos de la gran empresa"[208]. Turner señaló:

> Cargado con un programa que contenía plataformas alarmantemente anticapitalistas, y que no era más que un grupo ruidoso y políticamente insignificante, el NSDAP languideció en el desprestigio ante los ojos de la mayoría de los hombres de negocios alemanes durante la última parte de la década de 1920. Los principales ejecutivos de Alemania demostraron, con raras excepciones, ser resistentes a los halagos de los nazis, incluido el propio Hitler, quien buscaba tranquilizar a la comunidad empresarial sobre las intenciones de su partido[209].

Fue recién cuando los nazis consiguieron el poder total que sectores de la comunidad empresarial buscaron acomodarse, pero siempre con recelos debido a la imposibilidad de determinar qué tan anticapitalistas eran Hitler y los suyos. Más aún, si bien diversos industriales temían que los comunistas alemanes repitieran

206. Childers, "Five Myths about Nazis".
207. *Ibid.*
208. Turner, *German Big Business and the Rise of Hitler*, 341.
209. *Ibid.*, 342.

ahí una experiencia soviética, Hitler buscaban tácitamente neutralizarlos para que pudieran tomarse completamente el poder[210]. Para ello, los líderes nazis que se acercaban a industriales específicos los engañaban con discursos que les hacían pensar que no tenían nada que temer, ocultando el hecho de que lo que en realidad buscaban era una transformación total de las relaciones socioeconómicas en Alemania[211]. Más aún, antes de 1933 solo un industrial relevante, Fritz Thyssen, se identificaba como abierto militante nazi[212]. Más apoyo encontraron los nazis en pequeños propietarios de empresas que, estrangulados por la Gran Depresión, buscaban desesperadamente ayuda estatal para sobrevivir. Estas pequeñas empresas tenían un resentimiento frente a las grandes a las que acusaban de ser predatorias, por lo que sentían gran simpatía por la denuncia que hacían los nazis contra "el gran capital"[213]. Sin embargo, ninguno de estos pequeños empresarios estaba en posición de financiar al partido ni de ejercer real influencia política, por lo que no queda más que concluir que los empresarios, pequeños o grandes, en general no fueron decisivos en que los nazis llegaran al poder. Es más, Hitler se convirtió en canciller en el momento en que la relación de los nazis con los industriales estaba en su peor momento. De hecho, en plena crisis de la República de Weimar, la asociación de industriales más relevante de Alemania, el Reichsverband, intervino advirtiendo en contra de Hitler para evitar que el presidente Hindenburg lo nombrara canciller o le diera cualquier posición relevante en el nuevo gabinete[214]. Respecto al financiamiento político del Partido Nazi, Turner señala:

> Las empresas y organizaciones que regularmente participaban en financiamiento político a gran escala hasta las últimas

210. *Ibid.*
211. *Ibid.*, 343.
212. *Ibid.*
213. *Ibid.*, 344.
214. *Ibid.*, 346.

elecciones previas al nombramiento de Hitler destinaron la mayor parte de sus fondos a los oponentes o rivales de los nazis. Las pocas contribuciones significativas que aparentemente llegaron a los nazis desde fuentes empresariales pierden importancia si se comparan con las sumas destinadas a los partidos burgueses y a la campaña para la reelección del presidente Hindenburg[215].

Es importante concluir esta sección añadiendo que, según las investigaciones más actualizadas, en su máximo apogeo el Partido Nazi contó con diez millones de militantes entre 1925 y 1945 y con nueve millones hacia el fin de la guerra[216]. Entre 1925 y 1933 un 40 % de los miembros y votantes del partido eran trabajadores, lo que refuta completamente la idea de que el nazismo fue un movimiento esencialmente de clase media o burgués[217]. Tal como indicaba el nombre del partido —Nacional Socialista Obrero Alemán—, el nazismo fue un movimiento que tuvo su apoyo más emblemático en la clase obrera alemana aunque también incluyó grupos de clases medias siendo más diverso socialmente que otros partidos de la época[218]. Como concluyó el historiador Jürgen Falter en su estudio sobre la composición de los miembros del NSDAP, este tuvo las características de un partido del pueblo[219]. Especialmente sobrerrepresentada se encontraba la juventud que había sufrido el crecer, muchos sin padre, en el periodo de la Primera Guerra Mundial y los años que siguieron[220]. Ahora bien, la ideología de NSDAP era tan parecida a la del Partido Comunista que Goebbels hacía campaña expresamente para atraer gente de las filas marxistas al nazismo. Sobre todo en Berlín, con su diario *Der Angriff* (*El ataque*) creado en 1927, Goebbels seducía

215. *Ibid.*

216. Falter, *Hitler's Party Comrades. The NSDAP Party Members, 1919-1945*, XIII.

217. *Ibid.*

218. *Ibid.*, 455.

219. *Ibid.*, XIV.

220. *Ibid.*, 454.

a los marxistas imprimiendo diatribas violentas en contra de los empresarios capitalistas cuyo tono era indistinguible del de los comunistas[221]. Y la fórmula daba resultados. Tal como observó Hayek en 1944, "la relativa facilidad con la que un joven comunista podía ser convertido en nazi o viceversa era generalmente conocida en Alemania, especialmente por los propagandistas de ambos partidos"[222]. El mismo Hitler llegó a defenderse de acusaciones de ser comunista en 1920 por críticos de su programa[223] y en *Mein Kampf* (*Mi lucha*) daría cuenta de que esa era la percepción general de quienes estaban fuera del movimiento: "La burguesía corriente se mostraba indignada al pensar que también nosotros nos hubiéramos apropiado del rojo de los bolcheviques, y creía ver en esto algo de doble sentido. Los llamados nacionalistas de Alemania cuchicheaban entre ellos la misma sospecha de que, en el fondo, no éramos sino una especie de marxistas, tal vez solo marxistas disfrazados"[224]. Hitler no dudaría en reconocer cómo los nazis eran capaces de convertir a los comunistas que iban a sus asambleas. Según él, los comunistas enviaban "exhortaciones al 'proletariado consciente de su clase', a fin de que concurriera en masa a nuestras asambleas para reducir con 'el puño proletario' a los representantes de la 'agitación monárquica y reaccionaria", pero lo que ocurría era lo contrario. De acuerdo con Hitler, sus asambleas estaban "repletas de obreros tres cuartos de hora antes de que comenzasen. Semejaban un barril de pólvora capaz de explotar en cualquier momento teniendo ya la mecha encendida. Mas los hechos se produjeron siempre de otro modo. Aquellas gentes entraban como adversarios y salían, si no convencidos de nuestra causa, por lo menos poseídos de espíritu reflexivo y hasta crítico respecto a su propia doctrina"[225]. En esa misma línea, Hitler dijo que una de las misiones de los nazis era "penetrar

221. Childers, *The Third Reich, A History of Nazi Germany*, 111.
222. Hayek, *Camino de servidumbre*, 117.
223. Zitelmann, "The Role of Anti-Capitalism in Hitler's World View", 517.
224. Hitler, *Mi lucha*, 303.
225. *Ibid*.

en el seno de los sindicatos marxistas y tratar de saturarlos del nuevo espíritu y transformarlos en instrumentos de la nueva ideología"[226]. También reconocería que una parte mayoritaria de su partido originalmente estaba conformada por comunistas. En 1941 dijo: "Mi partido en aquel entonces estaba compuesto en un noventa por ciento por personas de izquierdas. Solo podía contar con gente que había luchado"[227].

La economía nazi: otro fracaso socialista

Otro de los mitos más persistentes sobre la economía nazi es que esta habría sido un verdadero éxito gracias a las políticas económicas de Hitler. Como ocurrió en el caso de la Unión Soviética y todos los países que han aplicado socialismo, sin embargo, la economía alemana bajo los nazis fue llevada al borde del colapso. El autarquismo, esto es, la desintegración del libre comercio bajo el eslogan del nacionalismo económico, por lo demás totalmente opuesto al capitalismo de libre comercio que defendía Adam Smith y todos los liberales de la historia, sumado a la estatización indirecta y directa de los medios de producción y un gasto estatal desbocado, condujeron a una inevitable crisis que habría hecho temblar los fundamentos del régimen si este no se hubiera embarcado en la guerra. Para poner la economía alemana en perspectiva, hacia 1939 Inglaterra y Francia tenían un Producto Interno Bruto (PIB) un 60 % mayor que Alemania e Italia[228]. El nivel de consumo del alemán promedio era menor que el de la mayoría de sus vecinos europeos[229]. La famosa recuperación alemana, entonces, no fue más que una ilusión insostenible creada por el intervencionismo estatal. El historiador Adam Tooze concluyó que "desde el principio la recuperación económica de Hitler estuvo impulsada principalmente por el sector público" y que en 1933 el gasto en creación de empleo civil "claramente tuvo

226. *Ibid.*, 375.

227. Zitelmann, "The Role of Anti-Capitalism in Hitler's World View", 517.

228. Tooze, *The Wages of Destruction*, XXIII.

229. *Ibid.*

un impacto importante, con un aumento del gasto tanto a nivel local como nacional"[230]. En ese contexto, señala Tooze, "la recuperación económica impulsada por el Estado fue de la mano con una centralización sin precedentes del gasto público, de la cual los militares fueron los principales beneficiarios"[231].

Bajo Hitler, Alemania cayó en *default* con acreedores privados y experimentó una crisis de balanza de pagos en 1934[232]. Pero la gran "recuperación" de Alemania vendría con la remilitarización del país, la que movió recursos a niveles sin precedentes en la historia germana. Entre 1933 y 1939, la proporción de producción nacional dirigida hacia el sector militar pasó del 1 % al 20 %[233]. Esta fue una masiva redistribución de riqueza de los sectores de producción civiles a la industria de armamento. La consecuencia mediata fue una reducción de bienes disponibles para la población, pues se dejó de producir lo que era para uso civil de modo de fabricar armas. Como consecuencia, en muchas partes de Alemania no había suficiente mantequilla ni carne, por lo que incluso antes de la guerra hubo que establecer racionamiento de alimentos[234]. El presidente del Reichsbank, el Banco Central del Reich, el mago de las finanzas Hjalmar Schacht, advirtió en 1939 a Hitler en un telegrama urgente sobre el crítico desabastecimiento que afectaba a la población:

> En el ámbito de los bienes de consumo, los aumentos de precios se deben a la falta de cantidad y calidad suficientes. Especialmente en el sector de los artículos de uso diario para el hogar y la vestimenta, la escasez de oferta y, sobre todo, el deterioro de la calidad resultan más evidentes. La ropa para niños, la ropa de trabajo, etcétera, que antes duraba años, ahora dura solo meses, pero cuesta lo mismo o incluso más que

230. *Ibid.*, 65.
231. *Ibid.*
232. *Ibid.*, 86.
233. *Ibid.*, 659.
234. *Ibid.*

la mercancía de buena calidad de antes. A esto se suma que el obrero bien remunerado supera en ofertas al trabajador menos afortunado, lo que genera mucho resentimiento, especialmente en lo que respecta a los alimentos[235].

El telegrama de Schacht resulta ilustrativo respecto al desastre que el gasto desbocado del gobierno y el intervencionismo estatal de los nazis había producido en la economía, estatismo que era comparable con el de Stalin[236]. Schacht recordó a Hitler en el telegrama que el Reichsbank "durante mucho tiempo" había "señalado los peligros para la moneda resultantes del sobreestrés de los gastos públicos y de los créditos a corto plazo", añadiendo que a "finales de 1938 la posición monetaria y financiera había alcanzado un punto de peligro, lo que nos obliga a pedir medidas que permitan dominar el peligro inminente de la inflación"[237]. Y luego advertiría que toda la economía estaba entrando en modo de crisis:

> En lo que respecta a las inversiones en existencias disponibles, a las que debe añadirse el *stock* para armamentos, los aumentos de precios se deben al exceso de pedidos y a la presión por una producción rápida. Estas exigencias han provocado el fracaso de toda planificación por parte de las autoridades que realizan los pedidos, así como de las empresas que los ejecutan. Las partes que hacen los pedidos obligan a los fabricantes a acaparar materiales y mano de obra, lo que ha generado un exceso especulativo de precios y salarios debido a la escasez de materiales y de mano de obra[238].

Schacht insistió a Hitler que la moneda se veía "amenazada de manera decisiva por los gastos públicos sin restricciones",

235.Hjalmar Schacht, "Telegram and Letter to Hitler".
236.Tooze, *The Wages of Destruction*, 660.
237. Hjalmar Schacht, "Telegram and Letter to Hitler".
238.*Ibid.*

alertando que "el crecimiento ilimitado del gasto gubernamental anula cualquier intento de lograr un presupuesto ordenado, lleva las finanzas del Estado al borde de la bancarrota a pesar de un enorme aumento de los impuestos y socava tanto al Banco de Emisión como a la moneda"[239]. Y, dando cuenta del voluntarismo ideológico de los nazis, Schacht, siempre más pragmático que ideológico, añadió que no existía "receta en materia de sistemas financieros o monetarios, por ingeniosa o bien concebida que sea, ni organización ni medidas de control que sean lo suficientemente eficaces para impedir los efectos desastrosos sobre la moneda provocados por una política de gastos ilimitados"[240]. Schacht finalizaba: "Ningún banco emisor es capaz de mantener el valor de la moneda frente a una política inflacionaria de gastos por parte del gobierno"[241].

La realidad es que hacia 1939 Alemania enfrentaba problemas tan críticos que Hitler adelantó sus planes de entrar a la guerra, en parte motivado por la crisis económica. El historiador Timothy Mason concluyó que todo el sistema económico estaba tan estresado que "cualquier interrupción inmediata provocaba otra", dando lugar a un "efecto multiplicador negativo" que llevó a la economía a una crisis general antes de la guerra[242].

¿Lenin capitalista?

La idea de que la economía nazi fue exitosa es tan falsa como aquella según la cual los nazis llegaron al poder gracias al apoyo de los empresarios alemanes o que eran capitalistas porque hicieron algunas privatizaciones y respetaron nominalmente la propiedad. Si esta última lógica fuera correcta, entonces habría que decir que Lenin también era partidario del capitalismo, porque en 1921 introdujo una serie de reformas promercado con su famosa Nueva Política Económica (NEP). Sin embargo, nadie argumentaría lo

239. *Ibid.*
240. *Ibid.*
241. *Ibid.*
242. Mason, *Nazism, Fascism and the Working Class*, 116.

anterior, pues evidentemente se trataba de cierto pragmatismo que demandaba políticas capitalistas transitoriamente. El mismo Lenin justificaría sus reformas señalando que eran "necesarios cambios en las formas de desarrollo socialista porque el Partido Comunista y el gobierno soviético" estaban adoptando "métodos especiales para aplicar la política general de transición del capitalismo al socialismo"[243]. En particular, admitió, "ahora se permite y se está desarrollando un mercado libre y un capitalismo, ambos sujetos al control del Estado; por otro lado, las empresas estatales socializadas están siendo puestas sobre lo que se denomina una base de beneficio, es decir, están siendo reorganizadas"[244]. Más aún, intentando una justificación inverosímil del fracaso socialista, Lenin afirmó que "el Estado proletario puede, sin cambiar su propia naturaleza, permitir la libertad de comercio y el desarrollo del capitalismo solo dentro de ciertos límites, y únicamente con la condición de que el Estado regule (supervise, controle, determine las formas y métodos de producción, etcétera) el comercio y el capitalismo privados"[245].

Entre las políticas adoptadas por Lenin se encontraron la reprivatización de algunas empresas nacionalizadas —tal como harían los nazis—, la liberación del lucro para empresas socializadas, la aceptación limitada de inversión extranjera, la propiedad privada de tierras y el fin a la requisición de granos. Todo esto, según Lenin, era un paso necesario para llegar al comunismo[246]. Como se ve, incluso un bolchevique como Lenin tendría cierto pragmatismo cuando las circunstancias lo demandaban. Pero, así como no tiene sentido cuestionar la ideología marxista o anticapitalista de Lenin por su NEP, del mismo modo resulta carente de toda base asumir que la colaboración forzada e interesada de ciertos industriales con Hitler y las privatizaciones oportunistas que realizó prueban que no era socialista en lo económico,

243. Lenin, "The Role and Functions of the Trade Unions under the New Economic Policy", 184.

244. *Ibid*.

245. *Ibid*., 185.

246. Zickel, *Soviet Union: A Country Study*, 64.

especialmente en los años de la guerra. La verdad es que tanto nazis como bolcheviques tuvieron que ajustar transitoriamente su ideología en ocasiones para mantener en pie su proyecto totalitario y anticapitalista. Sus reales motivaciones, sin embrago, no solo las declararon múltiples veces, sino que las convirtieron también en una política económica que, más allá de los ajustes, siempre se movió en la dirección final de destruir el capitalismo y la libertad individual. Y si los nazis fueron terminados con la derrota, Stalin se encargó de cumplir la promesa de Lenin revirtiendo toda la NEP que este había implementado para introducir un socialismo total como el que los nazis aspiraban a implementar una vez que ganaran la guerra.

CAPÍTULO IV

Anticristianismo o gnosticismo político

> La realidad del ser tal como la conoce el cristianismo en su verdad es difícil de soportar, y la huida de la verdad incierta hacia las falsas certezas gnósticas será probablemente siempre un fenómeno de amplia extensión en las civilizaciones que el cristianismo ha impregnado.
>
> ERIC VOEGELIN

Divinidades nazi-marxistas

En su esencia más profunda, tanto marxismo como nazismo y fascismo, cuyas idénticas raíces colectivistas, antirracionalistas y anticapitalistas hemos examinado, constituyen una reacción en contra de la tradición religiosa judeocristiana que, junto al legado de Roma y Grecia, dio lugar a la civilización occidental. No se debe olvidar que fue el judeocristianismo el que inventó la idea de que somos individuos moralmente iguales con derechos naturales que no pueden aplastar los Estados ni colectivo alguno. El profesor de Oxford Larry Siedentop explicaría el alma occidental derivada del cristianismo en los siguientes términos:

> Como otras culturas, la occidental se encuentra basada en creencias. Pero a diferencia de la mayoría de las otras, las creencias occidentales privilegian la idea de igualdad. Y es la preeminencia de la igualdad —de una premisa que excluye diferencias permanentes de estatus y la adscripción de opiniones autoritativas de personas o grupos— lo que fundó el Estado secular y la idea de derechos naturales. Así, el único derecho de nacimiento reconocido por la tradición liberal es la libertad individual y el cristianismo jugó un rol decisivo en ello[247].

247. Siedentop, *Inventing the Individual*, 349.

Fue el cristianismo el que sentó las bases de todo el proyecto humanista que desintegró la antigua noción de la desigualdad natural entre seres humanos, sobre la base de la cual se justificaba la esclavitud, la sumisión de las mujeres, la masacre de grupos raciales minoritarios y otros crímenes que, si bien continuarían por siglos, gracias a la semilla individualista sembrada por el cristianismo llegarían a ser finalmente la excepción en Occidente. Como hemos visto, fue precisamente en contra de la idea de individuo, es decir, de la filosofía individualista, que necesariamente conduce a un orden de mercado, a una sociedad abierta y a un Estado limitado, que se rebelaron nazis, fascistas y marxistas. Para todos ellos, el cristianismo, con su confianza en el individuo y el concepto de igual dignidad y derechos para todos sin importar clase, sexo o raza, resulta ser una fuerza cultural reaccionaria y por tanto debe ser eliminada. Ahora bien, tanto nazi-fascistas como marxistas-leninistas no propusieron un mero vacío como alternativa, sino que buscaron el reemplazo de la religión cristiana precisamente por el credo de sus propias ideologías. En otras palabras, tanto el marxismo-leninismo como el nazi-fascismo no son más que religiones seculares que buscaron desplazar o eliminar al cristianismo de modo de sumergir a los individuos enteramente en sus proyectos colectivistas. Más aún, estas ideologías fueron formas de gnosticismo, esto es, de doctrinas que pretendieron haber descubierto de manera exclusiva y excluyente los secretos más ocultos de una voluntad divina a través de un conocimiento intuitivo y místico, para, a partir de él, lograr la salvación humana. Esto merece mayor explicación.

Entre las creencias gnósticas que abrazaron muchos de los primeros cristianos, se encuentra la idea de que hay una raza o clase especial de humanos iluminados que ha descendido de la dimensión trascendental y está destinada a conseguir la salvación de la humanidad[248]. Según el filósofo alemán Eric Voegelin, la idea de que este mundo es un lugar corrompido y ajeno a nosotros y que,

248. Véase: Williams, Michael. "Gnosticism". *Britannica*, 26 de septiembre de 2025, www.britannica.com/topic/gnosticism.

por tanto, debemos regresar al origen divino que hemos perdido, es central a la experiencia gnóstica[249]. Dice Voegelin que el hombre gnóstico "ya no desea percibir con admiración el orden intrínseco del cosmos", pues, para él, el mundo se ha convertido en una prisión de la que quiere salir. De ahí que los grandes mitopoemas especulativos del gnosticismo giren en torno a las preguntas sobre el origen, la condición de haber sido arrojados a un mundo corrupto, la huida de ese mundo y los medios de liberación de ese mundo[250]. Voegelin explicó que la diferencia entre el gnosticismo antiguo y el moderno que inspiró al nazismo y comunismo es la siguiente:

> Si el hombre ha de ser liberado del mundo, la posibilidad de la liberación debe estar primero establecida en el orden del ser. En la ontología del gnosticismo antiguo esto se logra mediante la fe en el Dios "extraño", "oculto", que acude en ayuda del hombre, le envía sus mensajeros y le muestra la salida de la prisión del Dios maligno de este mundo (sea Zeus, Yahvé u otro de los antiguos dioses padres). En el gnosticismo moderno se logra mediante la suposición de un espíritu absoluto que, en el despliegue dialéctico de la conciencia, avanza desde la alienación hasta la conciencia de sí; o mediante la suposición de un proceso dialéctico-material de la naturaleza que, en su curso, conduce de la alienación resultante de la propiedad privada y la creencia en Dios a la libertad de una existencia plenamente humana; o mediante la suposición de una voluntad de la naturaleza que transforma al hombre en superhombre[251].

Dado lo anterior, para el gnosticismo moderno, la salvación debe ser realizada por el hombre gnóstico mismo, pues su alma pertenece al orden de este mundo, siendo su espíritu el que lo impulsa hacia la liberación. Así, la meta de los gnósticos es siempre la destrucción del viejo mundo para dar el paso al nuevo. El

249. Voegelin, *Science, Politics, and Gnosticism*, 5.
250. *Ibid.*, 6.
251. *Ibid.*, 7.

instrumento de la salvación es la gnosis, es decir, el proceso de conocimiento o iluminación. Según esta visión, el desastre en el mundo se produce por la ignorancia y solo puede corregirse mediante el conocimiento de la verdadera vida del alma humana[252].

Voegelin redujo las características del gnosticismo —considerado una herejía por la Iglesia católica— a seis fundamentales que, en su opinión, comparten el nazismo y el comunismo: 1) la idea de que el mundo está mal; 2) que esto se debe a una fallida organización social y no a que el problema es el ser humano como tal; 3) que el mundo puede ser salvado del mal; 4) que este tránsito del mundo corrompido al bueno se produce en un proceso histórico, lo que contradice la visión cristiana según la cual la salvación se da por gracia divina en el más allá; 5) la creencia de que la salvación depende de la acción humana y es posible en esta tierra; 6) siendo posible la creación de un orden perfecto sobre esta tierra mediante la acción humana, corresponde al gnóstico llevarla a cabo, pues solo él tiene el conocimiento y la iluminación que le permite efectuar la salvación propia y del mundo. El gnóstico debe, por lo tanto, presentarse como profeta que proclamará su conocimiento acerca de la salvación de la humanidad al público[253]. De este modo, los pasos hacia a la revolución se encuentran articulados. Según Voegelin, la fase violenta del gnosticismo moderno fue precisamente la que se manifestó en los trabajos de Marx, Sorel, Lenin, el nacionalsocialismo y otros movimientos[254].

Ahora bien, nadie en la modernidad representó las ideas gnósticas de manera más sistemática que el pensador alemán de fines del siglo XVIII y principios del siglo XIX Georg Wilhelm Hegel, a quien Voegelin llamó "el mayor de los gnósticos especulativos"[255]. En su época, Hegel se convertiría en el filósofo estrella del rey de Prusia Guillermo III, para quien, como veremos, desarrolló una verdadera religión estatólatra. La lectura de la obra

252.*Ibid.*
253.*Ibid.*, 58.
254.*Ibid.*, 3.
255.*Ibid.*, 28.

de Hegel es difícil por ser artificialmente oscura, a tal punto que John Stuart Mill diría que leerlo conducía a la "depravación del intelecto"; sentencia con la que Friedrich Hayek concordó expresamente[256]. Sin embargo, la esencia de su pensamiento, del cual las citas anteriores de Veogelin arrojan algunas luces, se ha explicado y sintetizado por diversos filósofos. Probablemente nadie lo hizo mejor que el profesor de Oxford Isaiah Berlin. Según Berlin, Hegel creía que existía algo así como un espíritu del universo de la misma forma en como hay espíritus individuales[257]. Y así como un individuo tiene intenciones y propósitos, el universo también los tiene. Nosotros podemos descubrir esas intenciones del universo, porque somos parte de él, a través de una visión metafísica, la que, por cierto, requiere de una mente privilegiada. Esta visión permitiría conocer el propósito de todos los seres humanos, quienes van plasmando ese espíritu universal en su historia. Y es precisamente en la historia donde descubrimos patrones que nos indican la existencia de un plan divino. Patrones que son diferentes de una cultura a otra y que nos llevan a entender, por ejemplo, qué significa ser alemán o francés, es decir, entender su espíritu colectivo. La libertad no existe más que como el reconocimiento de leyes históricas para usarlas de la mejor manera. No se puede, en consecuencia, desear algo distinto que lo que estas leyes del espíritu universal, manifestado a través de la historia, establecen. Pues el espíritu es, para Hegel, la marcha de Dios. Y la máxima expresión de la actividad divina es el Estado. Hegel diría que "el Estado es la realidad efectiva de la idea ética, el espíritu ético como voluntad sustancial revelada, clara para sí misma, que se piensa y se sabe y cumple aquello que sabe precisamente porque lo sabe"[258]. Como consecuencia, el individuo es nada frente al Estado:

"El Estado, en cuanto realidad de la voluntad sustancial, realidad que esta tiene en la autoconciencia particular elevada a su

256. Hayek, "Hegel y Comte", 11.

257. Berlin, *Freedom and its Betrayal,* 103-104.

258. Hegel, *Principios de la filosofía del derecho*, 258, 227.

universalidad, es lo racional en y por sí. Esta unidad sustancial es el absoluto e inmóvil fin último en el que la libertad alcanza su derecho supremo, por lo que este fin último tiene un derecho superior al individuo, cuyo supremo deber es ser miembro del Estado"[259]. En suma, "el Estado es voluntad divina en cuanto espíritu presente que se despliega en una figura real y en la organización de un mundo"[260]. En palabras de Raymond Plant, para Hegel "el Estado moderno [...], cuando se comprende filosóficamente, podría verse como la más alta articulación del espíritu o Dios en el mundo contemporáneo"[261]. El Estado representa la humanidad en el estadio más avanzando de evolución y consciencia de acuerdo con lo determinado por el espíritu universal. El Estado es, por tanto, la máxima expresión de la voluntad divina y cualquier cosa —incluyendo otros Estados— que resista su marcha, debe ser aniquilada, explicó Berlin. En consecuencia, para Hegel, la guerra no es algo malo sino necesario, pues el conflicto armado es purificación del espíritu y permite que el Estado se reafirme a sí mismo en sus derechos e intereses[262]. La muerte, en ese contexto, cumple un rol fundamental en el perfeccionamiento del Estado, que es siempre superior a los individuos que se sacrifican por él[263]. La libertad, como es evidente, es completamente eliminada, pues, para Hegel, ella implica obediencia al patrón encarnado por el Estado. O, como explicara Hayek, la ley del determinismo histórico de Hegel niega la libertad individual y su pretensión de poseer el secreto del desarrollo de esas leyes le permite imponer su ortodoxia[264]. Para Hayek, Hegel cayó en un intelectualismo fatal, en un racionalismo pervertido totalmente incapaz de comprender cómo son las acciones individuales que van creando instituciones y estructuras de relaciones que ninguna razón es capaz de

259.*Ibid.*

260.*Ibid.*, 270, 241.

261. Plant, *Hegel*, 122.

262.Baxter, "Hegel on Warfare and the State".

263.*Ibid.*

264.Hayek, "Hegel y Comte", 11.

comprender y mucho menos de controlar[265]. Hayek concluyó que Hegel no entendió cómo funciona la realidad social por no poder concebir que la interacción de los esfuerzos individuales puede crear algo superior a lo que él conocía. Adam Smith y los demás grandes individualistas escoceses del siglo XVIII, en cambio, sí ofrecieron esa explicación acertada sobre la realidad al señalar que el progreso se sigue de manera no planificada de órdenes espontáneos, mientras que todo lo que Hegel puede ofrecer, según Hayek, fue "una fuerza teleológica misteriosa" que se convirtió en "la fuente fundamental de esa arrogancia con que el colectivismo apunta a la 'dirección consciente' de todas las fuerzas de la sociedad"[266]. Así, Hegel fue uno de los precursores de los totalitarismos modernos comunista y nazi[267]. En palabras de Ludwig von Mises, Hegel fue uno de los padres tanto de los marxistas como de los nacionalistas alemanes, es decir, los nacionalsocialistas[268].

En tanto gnóstico, Hegel fue un exponente de la posición intelectual llamada "historicismo", que es precisamente la idea de que la historia está gobernada por leyes que es posible conocer por algunos iluminados para predecir el futuro y a partir de ahí hacer política profética de modo de llegar al destino prefijado por la historia[269]. Tal como explicó Karl Popper, las dos formas más importantes de historicismo moderno eran "el racialismo o fascismo, simbolizado por una figura con un símbolo racial, destacando la idea de la raza elegida como instrumento del destino" y la filosofía histórica marxista, "representada por una figura con símbolos de clases, resaltando la clase elegida como agente de una sociedad sin clases"[270]. Ambas, añadió Popper, están conectadas por la ida de interpretar la historia a través de una "supuesta ley de desarrollo" que solo unas pocas mentes privilegiadas pueden

265.*Ibid.*, 13.
266.*Ibid.*, 14.
267. *Ibid.*, 17.
268.Mises, *Socialism*, 591-592.
269.Popper, *The Open Society and Its Enemies*, 7.
270.*Ibid.*, 9.

conocer. Popper profundizó en la raíz hegeliana común de nazis y marxistas:

> La filosofía histórica de Marx reemplaza a la raza elegida por la clase como el instrumento para la creación de una sociedad sin clases y, al mismo tiempo, por la clase destinada a heredar la tierra. Ambas teorías basan sus pronósticos históricos en una interpretación de la historia que conduce al descubrimiento de una ley de su desarrollo. En el caso del racialismo, esto se piensa como una especie de ley natural; la superioridad biológica de la sangre de la raza elegida explica el curso de la historia, pasada, presente y futura. En el caso de la filosofía de la historia de Marx, la ley es económica; toda la historia debe interpretarse como una lucha de clases por la supremacía económica[271].

En otras palabras, mientras los marxistas convirtieron "la clase" en el equivalente hegeliano de Dios, los nazis lo hicieron con la raza[272]. Arios y proletarios serían el resumidero de todas las virtudes y los portadores del germen divino que mueve la historia hacia adelante hasta alcanzar el paraíso que, en el caso de los comunistas, sería la utopía de una sociedad perfecta o casi perfecta, sin tensiones ni conflictos y sin clases y, en el de los nazis, el Reich de los mil años de la raza superior aria. Siguiendo a Hegel, tanto Marx como Engels abrirían el primer capítulo de el *Manifiesto comunista* con la siguiente profecía basada en la ley que, según ellos, regía la historia:

> La historia de todas las sociedades que han existido hasta nuestros días es la historia de las luchas de clases. Hombres libres y esclavos, patricios y plebeyos, señores y siervos, maestros y oficiales, en una palabra: opresores y oprimidos se enfrentaron siempre, mantuvieron una lucha constante, velada

271. *Ibid*.

272. Sobre la influencia de Hegel en la ideología nazi ver: Butler, *The Roots of National Socialism*.

> unas veces y otras, franca y abierta; lucha que terminó siempre con la transformación revolucionaria de toda la sociedad o el hundimiento de las clases beligerantes[273].

En *Mi lucha*, por su parte, Hitler, quien en los meses en que escribió su libro sería influido por la doctrina hegeliana de un destino histórico según el cual los Estados superiores someten por la violencia a los inferiores[274], diría exactamente lo mismo, solo que, en lugar de la lucha de clases como motor de la ley de la historia, sería el conflicto entre razas: "La cuestión de las razas provee no solo la llave para la comprensión de la Historia Universal sino también de la cultura humana en general", escribió[275]. Y añadiría:

> La concepción *volkisch* afirma el valor de la Humanidad en sus elementos raciales de origen. En principio, considera al Estado solo como un medio hacia un determinado fin y cuyo objetivo es la conservación racial del hombre. De ninguna manera cree, por tanto, en la igualdad de las razas, sino que, por el contrario, al admitir su diversidad, reconoce también la diferencia cualitativa existente entre ellas. Esta percepción de la verdad le obliga a fomentar la preponderancia del más fuerte y a exigir la supeditación del inferior y del débil, de acuerdo con la voluntad inexorable que domina el Universo... De esta forma, la concepción *volkisch* del mundo corresponde al íntimo deseo de la Naturaleza, pues restituye el libre juego de las fuerzas que deben conducir a una elevación racial mutua y duradera, hasta que, al final, los mejores individuos de la Humanidad, mediante la conquista de este mundo, tengan el camino libre para poder actuar en todos los campos que actualmente se encuentran fuera o por encima de ellos[276].

273. Marx y Engels, *Manifiesto del Partido Comunista,* 34.
274. Sherratt, *Hitler's Philosophers*, 22.
275. Hitler, *Mi lucha*, 213.
276. *Ibid.*, 238-239.

El argumento central del libro de Hitler se reduce a una visión maniquea de la historia de la humanidad como una lucha de razas en que la raza superior, la aria, era parasitada y destruida por los judíos, a los que debía combatir[277]. Lo único que diferencia la cosmovisión nazi de la comunista, como ya dijimos, es que se reemplaza el sujeto de la ley histórica universal, es decir, el Dios de la historia y los protagonistas de la dialéctica o conflicto, siendo la clase en un caso y la raza en otro. Pero esto es irrelevante a la hora de trazar una diferencia sustancial entre ambas ideologías, pues, en esencia, su pensamiento es idéntico en tanto formulaciones gnósticas que buscan la liberación del pueblo elegido —arios y proletarios— por la vía revolucionaria para así crear un paraíso.

Utopía racial y utopía social

En la apertura de las jornadas de Núremberg en septiembre de 1934, se leyó una proclamación de Hitler por el miembro del Partido Nazi, Adolf Wagner, quien señaló que la revolución nacionalsocialista había "cumplido por completo lo que podía esperarse de ella" y que, por lo tanto, no habría "otra revolución en Alemania en los próximos mil años"[278]. La proclamación concluía lo siguiente refiriéndose al destino histórico germano bajo el nazismo: "La posteridad dirá algún día de nosotros: nunca fue la nación alemana más fuerte ni su futuro más seguro que en el momento en que el antiguo símbolo místico de salvación (*Heilszeichen*) de los pueblos germánicos fue rejuvenecido en Alemania para convertirse en el símbolo del Tercer Reich"[279]. Esos días, bajo el título "Hitler pronostica que no habrá derrocamiento del Reich en los próximos 1.000 años", *The New York Times* en Estados Unidos reportaba el mensaje de Hitler en los siguientes términos:

> El canciller Adolf Hitler proclamó hoy la llegada del milenio nazi, prediciendo que los próximos mil años no presenciarán

277. Kershaw, *Hitler*, 148.
278. Domarus, *The Complete Hitler*, 530.
279. *Ibid.*, 529.

> otra revolución en Alemania. Afirmó con igual seguridad que el movimiento nacionalsocialista se había convertido ahora en el amo absoluto del Reich y que su liderazgo descansaba en manos de sus mejores hombres [...]. El señor Hitler habló por más de una hora sobre la misión cultural del partido. Su discurso tuvo el carácter de una conferencia altamente abstracta, cuyas postulaciones y terminología estaban recargadas de profundidades metafísicas[280].

En el mismo tenor, en víspera del Año Nuevo a fines de 1938, Joseph Goebbels dijo que no cabía duda de que "el año 1938 fue único en la historia alemana porque cumplió un sueño de mil años de la nación alemana. El Gran Reich Alemán se ha hecho realidad"[281]. Estas palabras son relevadoras del carácter gnóstico del nazismo, especialmente cuando se considera que el concepto mismo de Tercer Reich es uno que deriva del pensamiento escatológico de Joachim von Fiore y otros teólogos del Medioevo. El "Tercer" Reich, era el reino del Espíritu Santo, y venía después del primero que era el del Padre y del segundo que era el del Hijo. De ahí fue tomado por movimientos conservadores siendo particularmente influyente el libro de Arthur Moeller *Das Dritte Reich* de 1923, en el que proponía el reemplazo de la democracia de Weimar por un imperio, idea que luego tomarían los nazis. Siguiendo esa doctrina teológica, Hitler anuncia el 1 de septiembre de 1933 que su proyecto de salvación era la construcción de un Tercer Reich que duraría "mil años"[282]. El escritor alemán e investigador del nazismo Max Domarus explicaría que la visión profética de Hitler debía "culminar en el establecimiento de un Reich utópico, comparable con una nueva Atlántida, en un

280. "Hitler Forecasts No Reich Overturn in Next 1,000 Years; Proclamation to Nazi Congress Says Movement Won't Yield No Matter What Happens", *New York Times*, 6 de septiempre de 1934.

281. Goebbels, "Discurso de Año Nuevo 1938-1939".

282. Benz, Graml y Weiss, *Enzyklopädie des Nationalsozialismus*, 435.

mundo gobernado por arios sobrehumanos, los legítimos herederos del Santo Grial"[283].

El utopismo de los nazis es un tema conocido que ha sido objeto de diversos estudios. El concepto de *Gelichschaltung*, o coordinación y armonización de todas las esferas de la vida social, arte, cultura, educación, los medios de comunicación y otras, bajo la ideología racial nazi dirigida desde el Estado, ha sido explicado como el mecanismo que los nazis tenían para consolidar la utopía nacionalsocialista[284]. Pero este delirio racial nazi tuvo un proyecto mucho más ambicioso aún que buscaba la creación de un reino ario en Noruega, donde, según Hitler, se encontraba la raza más pura de la humanidad. En la obra *Hitler's Northern Utopia* (2020), Despina Stratigakos documentó que, entre 1940 y 1945, los nazis desarrollaron masivas construcciones en Noruega con el fin de preparar la utopía racial que tenían programada luego de finalizar la guerra[285]. Desde ciudades idílicas a supercarreteras, imaginadas por el mismo Hitler y su arquitecto Albert Speer, se habían planeado para crear la nueva capital del imperio nórdico. Los nazis creían que esta era la realización de su destino histórico en tanto herederos de los vikingos. Por cierto, los planes incluían también una cuidadosa selección racial para crear a los arios más perfectos jamás conocidos. Stratigakos concluyó que "la raza definía la nueva era imaginada por los ocupantes alemanes [...]. La visión de Hitler de un imperio germánico que uniera a toda Europa bajo el dominio de una raza germánica superior dependía de una fe mística en el poder de la sangre nórdica"[286].

En otras palabras, para los nazis, algo así como Dios, manifestado en su ley histórica biológica, se había encarnado en la raza aria, destinada a gobernar a todas las demás para conseguir un Reich de mil años de paz y armonía, solo posible si cada raza, luego de una lucha entre ellas, ocupaba el lugar que le correspondía

283.Domarus, *The Complete Hitler*, 30.

284.Lichtenberg, "Hitler's 'Utopia", 29.

285.Stratigakos, *Hitler's Northern Utopia*.

286.*Ibid.*, 14.

en el orden natural cósmico. Ya en *Mi lucha*, Hitler escribiría que "el ario [...] como conquistador sometió a los hombres de raza inferior y reguló la ocupación práctica de estos bajo sus órdenes, conforme a su voluntad y de acuerdo a sus fines", pero que "en el momento en que los propios vencidos comenzaron a elevarse desde el punto de vista cultural, aproximándose también a los conquistadores mediante el idioma, se derrumbó la vigorosa barrera entre el señor y el siervo"[287]. Según Hitler, fue ahí que el ario "renunció a la pureza de su sangre, perdiendo así el lugar en el paraíso que él mismo había generado"[288]. Hitler se planteaba así como el profeta encomendado para traer de vuelta el "paraíso perdido". Y ello solo podría lograrse mediante la recuperación de la pureza racial y la restitución de cada raza al lugar que le correspondía en la jerarquía natural, de lo contrario el mundo se sumiría en la oscuridad: "La cultura humana y la civilización están en el continente europeo inseparablemente ligadas a la idea de la existencia del hombre ario. Su desaparición o decadencia sumiría de nuevo al globo terráqueo en las tinieblas de una época de barbarie", escribió en *Mi lucha*[289].

Ahora bien, si los nazis abrazaron el gnosticismo racial proponiendo una utopía consistente en la consolidación de una raza de inteligencia y belleza superior, viviendo como un solo *Volk*, en armonía colectiva y gobernando a las demás razas inferiores luego de someterlas por la fuerza, los comunistas propusieron la misma idea, pero enfocada en la victoria definitiva del proletariado. De acuerdo con Marx, en la sociedad comunista, que llegaría inevitablemente luego de que la historia siguiera su inexorable ley de lucha de clases hasta eliminar a la burguesía, habría un momento final e idílico de amor fraternal infinito. En su *Crítica al programa de Gotha*, afirmó:

287. *Hitler, Mi lucha*, 187.
288. *Ibid.*
289. Hitler, *Mi lucha*, 239.

> En la fase superior de la sociedad comunista, cuando haya desaparecido la subordinación esclavizadora de los individuos a la división del trabajo, y con ella, la oposición entre el trabajo intelectual y el trabajo manual; cuando el trabajo no sea solamente un medio de vida, sino la primera necesidad vital; cuando, con el desarrollo de los individuos en todos sus aspectos, crezcan también las fuerzas productivas y corran a chorro lleno los manantiales de la riqueza colectiva, solo entonces podrá rebasarse totalmente el estrecho horizonte del derecho burgués, y la sociedad podrá escribir en su bandera: ¡De cada cual, según sus capacidades; a cada cual, según sus necesidades![290]

En *La ideología alemana* describió esa vida idílica en los siguientes términos:

> En la sociedad comunista, donde cada individuo no tiene acotado un círculo exclusivo de actividades, sino que puede desarrollar sus aptitudes en la rama que mejor le parezca, la sociedad se encarga de regular la producción general, con lo que hace cabalmente posible que yo pueda dedicarme hoy a esto y mañana a aquello, que pueda por la mañana cazar, por la tarde pescar y por la noche apacentar el ganado, y después de comer, si me place, dedicarme a criticar, sin necesidad de ser exclusivamente cazador, pescador, pastor o crítico, según los casos[291].

En el *Anti-Dühring*, Engels hablaría sobre este paraíso de la armonía comunista señalando que ni siquiera el Estado sería necesario porque no habría conflicto alguno:

> Al hacerse finalmente representante real de toda la sociedad, el Estado se hace él mismo superfluo. Desde el momento que

290. Marx, *Crítica al programa de Gotha*, 17.

291. Marx, *La ideología alemana*, 34.

> deja de haber una clase que mantener en la opresión, desde que se suprime el dominio de clase y, al mismo tiempo, la lucha por la existencia individual fundada por la actual anarquía de la producción, desaparecen las colisiones y los excesos que de ello resultan; no hay ya nada que reprimir y que haga necesario un poder especial represivo, un Estado[292].

Según Engels, la realización del acto de la revolución proletaria que acabaría con la propiedad privada cumpliendo así el destino que la ley de la historia había encomendado a esa clase era la salvación de la humanidad completa: "La realización de este acto que redimirá al mundo es la misión histórica del proletariado moderno", escribió[293].

Otro de los teóricos más influyentes del marxismo, León Trotsky, que jugaría un rol central en la Revolución rusa, describiría el paraíso comunista señalando que en él "el hombre se hará incomparablemente más fuerte, más sabio y más complejo. Su cuerpo será más armonioso, sus movimientos más rítmicos, su voz más melodiosa [...]. El hombre normal se elevará a las alturas de un Aristóteles, un Goethe o un Marx. Y por encima de estas alturas se elevarán nuevas cúspides"[294]. Es fácil advertir que estas reflexiones de Trotsky no distan demasiado de la idea de raza superior que tenían los nazis.

El carácter utópico del socialismo marxista, con su promesa de que la historia terminaba en un eterno orden de armonía y superabundancia para todos, donde no existirían las clases sociales e incluso el Estado desaparecería porque no sería necesario, era tan evidente que ya en su época muchos se burlaban de él. Y como era propio del polilogismo marxista, la respuesta de los comunistas a las críticas fue descalificar a quien las emitía como un "burgués" inmoral y carente de los poderes intelectuales necesarios para ver la verdad revelada por el evangelio de Marx y Engels. Así, por

292.Engels, *Anti-Dühring*, 376.

293.Engels, *Del socialismo utópico al socialismo científico*, 88.

294.Trotsky, *Literatura y revolución*, 119.

ejemplo, explicando las ideas de ambos, Lenin atacaría a quienes no compartían la promesa marxista en los siguientes términos: "Desde el punto de vista burgués, es fácil presentar como una 'pura utopía' semejante régimen social y burlarse diciendo que los socialistas prometen a todos el derecho a obtener de la sociedad, sin el menor control del trabajo rendido por cada ciudadano, la cantidad que deseen de trufas, de automóviles, de pianos, etcétera. Con estas burlas siguen contentándose hasta hoy la mayoría de los 'sabios' burgueses, que demuestran con ello su ignorancia y su defensa interesada del capitalismo"[295]. Estas críticas resultaban aún más irritantes para los comunistas porque ellos reclamaban que su socialismo era "científico" para diferenciarlo precisamente de lo que descalificaban como el socialismo "utópico" de pensadores como Owen, Saint-Simon y Fourier. Y era científico, según Marx, Engels y Lenin, porque ellos aplicaban la ciencia del materialismo dialéctico, que como hemos visto era una metodología derivada de Hegel para pretender que Marx y sus seguidores habían descubierto la ley inquebrantable de la historia. En palabras de Joseph Schumpeter, de acuerdo con Marx el carácter "científico" de su socialismo, que lo distinguía del que calificaban como "utópico", consistía en que tenía "pruebas de que el socialismo es inevitable e independiente de la voluntad o deseo humano"[296].

Para Marx y Engels los demás socialistas eran idealistas que se basaban en opiniones subjetivas, pues no entendían la ley de la historia e ignoraban que el socialismo debía llegar a hacerse realidad inevitablemente por medio de la revolución violenta. Fue precisamente por su renuncia a entender la ley histórica y a abrazar la violencia como el destino inevitable de la salvación humana, que Engels diría que el socialismo de gente como Owen, Fourier y Saint-Simon se encontraba plagado de conceptos "utopistas"[297]. El socialismo científico, en cambio, era el llamado a "investigar las condiciones históricas" de la "redención de la

295. Lenin, *El Estado y la revolución*, 117.

296. Schumpeter, *Capitalism, Socialism, and Democracy*, 56.

297. Engels, *Del socialismo utópico al socialismo científico*, 55-56.

humanidad" a la que conduciría la revolución proletaria[298]. También en el *Manifiesto comunista*, Marx y Engels criticarían a los socialistas utópicos por no creer en la violencia de la lucha de clases y proponer, en lugar de ella, "conciliar" los antagonismos de clases de manera pacífica[299].

Tal como en el caso de los nazis, es fácil advertir acá la religiosidad de las propuestas de Engels, Lenin y Marx, quienes creían que la violencia proletaria predeterminada históricamente llegaría para "redimir a la humanidad" y llevarla al paraíso comunista. Si hubiera que traducirlo en pocas palabras, lo que plantearon los marxistas fue que la divinidad se había encarnado en una ley histórica a través del proletariado, cuyo destino encomendado era la liberación total del hombre del reino de la necesidad para conducirlo a su redención en un orden sin pecado social, es decir, sin diferencias de clases, ni conflictos y sin opresión, fundado en el amor fraternal y la abundancia casi perfecta. Sus profetas eran Marx y Engels, pues solo ellos —y los que seguían su evangelio— habían tenido acceso a la revelación del plan divino. Así, Marx y Engels eran nada más que los apóstoles de esa especie de Dios, su voz sobre esta tierra, y todo aquel que se les opusiera un mero representante del mal que debía ser purgado para lograr la salvación de los hombres.

Ahora bien, esta autopercepción de profetas del plan divino que compartieron nazis y marxistas y que en sicología podríamos probablemente explicar como una forma de megalomanía, fue la consecuencia inevitable de la influencia gnóstica de Hegel. Al haber sostenido que toda la historia humana es un proceso del espíritu que se manifiesta en la mente de los hombres con el fin de auto conocerse, y dado que es Hegel quien describió, de inicio a fin, el devenir de ese proceso en su libro *Fenomenología del espíritu*, entonces resulta que para Hegel era él mismo quien daba cuenta del autoconocimiento de la naturaleza del espíritu. Y eso lo convertía en el profeta del fin de la historia, pues esta habría de

298. *Ibid.*, 88.
299. Marx y Engels, *Manifiesto del Partido Comunista*, 74.

terminar precisamente cuando se hiciera totalmente autoconsciente el espíritu. Y como esto lo hizo el espíritu —o Dios— a través de la mente de Hegel y su libro, entonces se sigue que Hegel es el portavoz de ese espíritu en su versión perfecta[300]. Quienes adoptan el gnosticismo de Hegel, entonces, no pueden más que considerarse ellos mismos elegidos por el plan divino para llevarlo a su destino final.

El marxismo como herejía cristiana

Es fundamental a estas alturas reparar en el hecho de que, tal como los primeros gnósticos, tanto nazis como marxistas con sus promesas de salvación de la humanidad y de la raza siguieron una forma de utopismo de larga data en la tradición judeocristiana. Ludwig von Mises explicó en detalle el origen religioso del socialismo marxista y su milenarismo. El milenarismo es la creencia según la cual un reino de Cristo de mil años sobre la tierra llegaría antes del día del juicio final. En este periodo de mil años Satanás está encadenado y se libera solamente para dar una batalla final escatológica. Cristo, el hijo de Dios, derrota finalmente a Satanás poniendo fin al mal y al caos[301].

Hemos visto que tanto nazis como comunistas se presentaron en términos escatológicos, es decir, como encarnación del fin de los tiempos y portadores de un plan divino para elevar definitivamente a la humanidad a un estadio final de pureza moral y progreso material. El materialismo histórico de Marx, por ejemplo, incluyó tres ingredientes fundamentales entre los que se encontraban su teoría del progreso, del destino de la humanidad y del sentido, fin y propósito de la vida humana[302]. En especial este último da el carácter utópico y escatológico al marxismo, pues concibe la historia como un proceso de purificación que llevará a un estado moralmente superior, más noble y hermoso que cualquier

300.Singer, *Marx*, 18–19.

301. Redles, *Hitler's Millennial Reich*, 1.

302.Mises, *Socialism*, 282.

alternativa[303]. Ahora bien, la inexistencia de riquezas privadas característica del comunismo es un tema común en las utopías, como también lo es la sumisión a la voluntad de una autoridad colectiva[304]. En el caso del marxismo, la utopía milenarista derivó directamente de la tradición religiosa. Mises explicó:

> La concepción materialista de la historia no es ciencia, sino metafísica. La esencia de toda la metafísica de la evolución y la historia es la doctrina del principio y el fin, el origen y el propósito de las cosas. Esto se concibe ya sea de manera cósmica, abarcando todo el universo, o bien de manera antropocéntrica, considerando solo al ser humano [...]. Las teorías de la evolución que son de carácter religioso deben siempre ser antropocéntricas, ya que la gran significación que la religión otorga a la humanidad solo puede justificarse mediante una doctrina antropocéntrica. Estas teorías se basan generalmente en la suposición de un origen paradisíaco, una Edad de Oro, de la cual el hombre se está alejando cada vez más, solo para regresar finalmente a una edad igualmente buena, o incluso mejor, de perfección. Esto generalmente incluye la idea de la Salvación. El retorno de la Edad de Oro salvará a los hombres de los males que les han afligido en una era de maldad. Así, toda la doctrina es un mensaje de salvación terrenal[305].

Mises continuó explicando que el origen de este tipo de pensamiento se remonta a los profetas judíos, quienes prometieron un reino de Dios en esta tierra. Y, en efecto, tanto el Antiguo como el Nuevo Testamento contienen un rico imaginario que ha sido de enorme influencia en la tradición utópica de Occidente[306]. Jeremías, por ejemplo, anunció la llegada del paraíso: "Vendrán con gritos de gozo en lo alto de Sion, y correrán al bien de Jehová,

303. *Ibid.*, 281.
304. Pipes, *Communism, A History*, 6.
305. *Ibid.*, 283.
306. Sargent, *Utopianism*, 86.

al pan, al vino, al aceite, y al ganado de las ovejas y de las vacas; y serán como huerto de riego, y no se fatigarán más" (31:12-13). E Isaías lo confirmaba eliminando uno de los mayores miedos de los hombres en esos tiempos, que era el temor a las bestias y animales: "Morará el lobo con el cordero, y el leopardo con el cabrito se acostará; el becerro y el león y la bestia doméstica andarán juntos, y un niño los pastoreará. La vaca y la osa pacerán, sus crías se echarán juntas; y el león como el buey comerá paja. Y el niño de pecho jugará sobre la cueva del áspid, y el recién destetado extenderá su mano sobre la caverna de la víbora" (11:6-8). Y aunque el Nuevo Testamento no ofreció utopías como el Antiguo, su promesa fue una de amor fraternal, perdón e igualdad que permeó las utopías posteriores de Occidente[307]. En el cristianismo primitivo permeado por los gnósticos, también se pensó en categorías de salvación en un futuro cercano, algo que mutó a una cosmovisión trascendente en que el reino de Dios se daba en el cielo, es decir, en el más allá. Sin embargo, la idea original de salvación en la tierra persistió con virulencia en diversos grupos cristianos a pesar de ser condenada como una herejía por la Iglesia católica. La doctrina de los antiguos profetas, según la cual se establecería un reino terrenal, dijo Mises, "se revive continuamente como una creencia religiosa y política" y especialmente "como una idea de revolución social y económica"[308]. Para Mises, el "milenarismo cristiano, que atraviesa los siglos renovando constantemente su fuerza", conduce, en un solo paso, "al milenarismo filosófico que en el siglo XVIII fue la reinterpretación racionalista del cristianismo; y de ahí, a través de Saint Simon, Hegel y Weiding, hasta Marx y Lenin"[309]. Mises concluyó:

> La metafísica filosófica y antropocéntrica de la evolución —socialista— se asemeja a la religiosa en todos sus aspectos esenciales. En su profecía de salvación se encuentra la misma

307. *Ibid.*, 91.
308. Mises, *Socialism*, 285.
309. *Ibid.*, 285.

> extraña mezcla de fantasía extáticamente extravagante con lugares comunes sin inspiración y un tosco materialismo, como se halla en las más antiguas profecías mesiánicas. Al igual que la literatura cristiana que busca interpretar el Apocalipsis, intenta probar su aplicabilidad a la vida mediante la interpretación de acontecimientos históricos concretos. En estos intentos, a menudo se vuelve ridícula, irrumpiendo en cada gran ocasión con una doctrina que a la vez responde al caso y abarca la historia del universo[310].

Es interesante notar que, en 1894, el mismo Engels reconocería similitudes asombrosas entre el cristianismo primitivo y el socialismo, señalando el punto decisivo notado por Mises de que, mientras los primeros prometían la salvación de la humanidad en el más allá, los socialistas la ofrecían en esta tierra:

> La historia del cristianismo primitivo ofrece curiosos puntos de contacto con el movimiento obrero moderno. Como este, el cristianismo era en su origen el movimiento de los oprimidos: apareció primero como la religión de los esclavos y los libertos, de los pobres y los hombres privados de derechos, de los pueblos sometidos o dispersados por Roma. Ambos, el cristianismo y el socialismo obrero predican una próxima liberación de la servidumbre y la miseria; el cristianismo traslada esta liberación al más allá, a una vida después de la muerte, en el cielo; el socialismo la sitúa en este mundo, en una transformación de la sociedad. Ambos son perseguidos y acosados, sus seguidores son proscritos y sometidos a leyes de excepción, unos como enemigos del género humano, los otros como enemigos del gobierno, la religión, la familia, el orden social. Y a pesar de todas las persecuciones e incluso directamente favorecidos por ellas, uno y otro se abren camino victoriosa, irresistiblemente. Tres siglos después de su aparición, el cristianismo es reconocido como la religión de Estado del

310. *Ibid.*, 86.

Imperio romano: en menos de sesenta años, el socialismo ha conquistado una posición tal que su triunfo definitivo está absolutamente asegurado[311].

Aunque ciertamente se puede decir que el socialismo no surge del mundo obrero como pretende Engels, sino de élites intelectuales burguesas a las que tanto él como Marx pertenecían, lo relevante es que se presenta como una fuerza espiritual y de salvación para los oprimidos y más débiles, al igual que el cristianismo. El teórico marxista checo Karl Kautsky llegaría a decir en 1925 que la salvación de la pobreza para los primeros cristianos era en esta tierra y no en el más allá, haciendo al socialismo aún más parecido al cristianismo primitivo: "La liberación de la miseria proclamada por el cristianismo fue al principio completamente material, destinada a realizarse en esta tierra, no en el cielo [...]. Esta última circunstancia aumenta la semejanza con el movimiento obrero moderno"[312].

Ahora bien, la idea de Engels de que los socialistas eran tan perseguidos como los primeros cristianos tampoco es históricamente correcta, pero denota la pretensión que tienen los marxistas de reemplazar la religión cristiana como movimiento revolucionario y espiritual global al equipararla con el socialismo. En otras palabras, Engels admite la vocación expansiva y apostólica del evangelio comunista, sugiriendo que este sería una nueva forma de cristianismo originario sin desviaciones idealistas. No es exagerado, entonces, afirmar, como hiciera Alasdair MacIntyre en su obra *Marxism and Christanity*, que el marxismo no es sino una "herejía cristiana"[313]. La actitud cristiana de amor al prójimo, la idea de justicia como resistencia a instituciones que generan opresión y daño a los pobres y oprimidos, la condena a riquezas que se ve en la Biblia, la promesa de salvación, son elementos centrales que el marxismo tomó del cristianismo. Todo lo anterior

311. Engels, *Contribución a la historia del cristianismo primitivo.*

312. Karl Kautsky, *Foundations of Christianity,* 463.

313. MacIntyre, *Marxism and Christianity*, VI.

implica, observó MacIntyre, que el marxismo es una doctrina con el mismo alcance metafísico y moral que el cristianismo y es la única doctrina secular posilustrada con ese alcance, pues no solo propone una manera de entender la naturaleza humana, sino que ofrece también una constatación del alcance y significado de la historia y sobre los estándares bajo los cuales debe juzgarse la rectitud de las acciones, además de una explicación del error y del mal, todo en una cosmovisión que solo puede entenderse como una transformación del cristianismo en sí[314]. Según MacIntyre, esto resulta inevitable, pues el marxismo es una transformación de la visión secularizada de Hegel de la teología cristiana. Vale la pena volver un momento sobre Hegel dada su relevancia para entender este punto. Como hemos visto, Hegel, basándose en el Dios trascendente del cristianismo, creó la figura del espíritu que mueve la historia del mundo. En otras palabras, Hegel bajó a Dios del cielo y lo puso en la tierra, lo que implica que el espíritu de Hegel no es, desde luego, el dios cristiano, sino una versión distorsionada y secularizada de este. Ahora bien, el espíritu de Hegel opera mediante un proceso racional de autoconciencia histórico, es decir, se va conociendo a sí mismo en ese proceso de la historia en la medida en que se encarna en este mundo al transformarlo mediante la actividad humana. Sin ese autoconocimiento no podrá jamás ser realmente libre ni alcanzar el poder suficiente para organizar el mundo de acuerdo a su infinita racionalidad[315]. Ese espíritu universal se manifiesta en la conciencia de todos los individuos, aunque estos no lo saben, entrando en conflicto entre sí. Un esclavo, por ejemplo, que perdió la batalla física y es sometido a servir al ganador, al principio se encuentra frustrado y con miedo. Sin embargo, al ver que él transforma el mundo con su trabajo, sembrando y cosechando, cocinando, etcétera, va tomando conciencia de que, en realidad, es el amo el que depende de él, pues sin su trabajo el amo está perdido. Y eso, para

314. *Ibid.*, VI-VII.
315. Singer, *Marx*, 18.

Hegel, es un progreso de la liberación a nivel de conciencia y por tanto un avance en el autoconocimiento del espíritu.

Este progreso de autoconocimiento racional del espíritu surge de la dialéctica, es decir, del conflicto entre la consciencia del amo orgulloso y valiente y la del esclavo con miedo que serían respectivamente la tesis y la antítesis, dando lugar a una síntesis en que el esclavo, gracias a ese conflicto, es ya autoconsciente de su rol transformador y de la dependencia que su amo tiene de él. Pero este último lo es también de su dependencia respecto del esclavo, a quien ve como un ser con vida propia, generándose así un reconocimiento mutuo y un fin al conflicto, lo que implica que se avanza en el camino de la Historia hacia su destino final, que es la libertad[316]. El hombre es, en este contexto, un ser que va superando su alienación, su distancia del mundo y de sí mismo derivada de su ignorancia, mediante ese proceso de creciente autoconciencia, es decir, autoconocimiento comandado por el espíritu. Esta idea la toma Hegel de san Pablo, quien supone que el hombre se encuentra alienado de su pensamiento producto de la caída luego del pecado original[317]. En otras palabras, san Pablo ve al hombre alienado de Dios, tanto racional como espiritualmente, por su ignorancia y "el endurecimiento de su corazón" debido al pecado original[318].

En Hegel, de acuerdo a la ley de la Historia, el espíritu avanza superando esa alienación, conociéndose cada vez más a sí mismo mediante un proceso racional, hasta culminar con su completo autoconocimiento en la figura del Estado prusiano. Este sería la

316. MacIntyre, *Marxism and Christianity*, 12.

317. *Ibid.*, 9.

318. Dice san Pablo: "Pues habiendo conocido a Dios, no le glorificaron como a Dios, ni le dieron gracias, sino que se envanecieron en sus razonamientos, y su necio corazón fue entenebrecido", Romanos 1:21-25; "Esto pues digo, y requiero en el Señor, que no andéis más como los otros Gentiles, que andan en la vanidad de su sentido", Efesios 4: 17; "Teniendo el entendimiento entenebrecido, ajenos de la vida de Dios por la ignorancia que en ellos hay, por la dureza de su corazón", Efesios 4: 18; "Los cuales después que perdieron el sentido de la conciencia, se entregaron a la desvergüenza para cometer con avidez toda suerte de impureza", Efesios 4:19.

máxima expresión de racionalidad y, por tanto, de libertad, la cual se entiende como el poder que adquieren los hombres dentro el colectivo gracias al autoconocimiento y la unidad con lo divino, antes de lo cual no se tiene libertad pues esta consiste en querer lo verdadero y racional. Ese es el momento de la salvación de la humanidad en la tierra y del fin de la historia, pues el espíritu finito, manifestado en las consciencias de las personas, se ha ya desarrollado totalmente en el espíritu absoluto, donde no hay necesidad de conflicto, pues la dialéctica, que es el proceso de tesis, antítesis, síntesis, que permite ese autoconocimiento, se ha agotado al haberse alcanzado el conocimiento total de sí mismo y del mundo. En otras palabras, se produce aquí, según Hegel, el equivalente a la unidad del hombre con Dios que en la tradición cristiana se materializa en la encarnación de Dios en Jesús[319].

De este modo los dogmas esenciales del cristianismo, como la Encarnación, la Redención y la Trinidad, están todos en el pensamiento de Hegel. La Encarnación es la transformación que hace el espíritu mediante nuestra actividad en la tierra, es decir, nosotros somos mediadores de esa consciencia universal y participamos de ella de manera finita. La Trinidad —Padre, Hijo y Espíritu Santo— es la lógica dialéctica de tesis, antítesis y síntesis. Y la Redención se da en la salvación humana que produce el autoconocimiento final del espíritu en su estadio de perfección racional expresado en el Estado prusiano. Irónicamente, como hemos advertido en un capítulo anterior, Hegel, que proponía que toda la historia marchaba hacia la libertad, termina generando, con su visión divinizada del Estado prusiano, una filosofía instrumental al despotismo al servicio del Estado[320]. Esto es inevitable pues, para Hegel, la libertad no se entiende en el sentido liberal individual, sino como realización dentro del colectivo.

El marxismo, al basarse en Hegel, tomó la misma estructura teológica cristiana, solo que la llevó al terreno materialista de las leyes económicas, bajándola del mundo metafísico idealista. Así,

319. MacIntyre, *Marxism and Christianity*, 13.
320. *Ibid.*, 16.

la Santa Trinidad es la dialéctica que determina la historia en la lucha de clases, pues una se enfrenta con otra, dando lugar a una nueva clase dominante de acuerdo a lo que la ley de la historia ha determinado. La lucha entre la clase feudal —tesis— y la burguesía —antítesis—, por ejemplo, que se dio en la Revolución francesa, dio lugar a que la segunda pasara a ser la clase dominante, abriendo las puertas al capitalismo y a una nueva clase oprimida, el proletariado —síntesis—.

Ahora bien, en Marx y Engels, como hemos visto, la Encarnación de la divinidad se produce directamente en la clase oprimida, esto es, el proletariado. La Redención se dará cuando esta clase, ahora en la posición de antítesis de la burguesía, en la batalla final permita el triunfo definitivo del Espíritu de la Historia sobre la tierra, dando paso al paraíso comunista. En este no habrá clases sociales y por tanto desparece el conflicto dialéctico, pues este es el motor de la Historia que se extingue cuando ella alcanza su fin gracias al advenimiento del comunismo. De ahí el milenarismo marxista. Hay que señalar acá que Marx y Engels no hablan del Espíritu como lo hacía Hegel, pues ellos pretenden ser totalmente ateos y científicos. Lo que hacen, sin embargo, es tomar la misma idea y usarla en su propia versión hegeliana del desarrollo histórico, por lo que en realidad son tan religiosos o teológicos como el mismo Hegel.

No está de más notar que la naturaleza religiosa del marxismo fue advertida por numerosos pensadores. El profesor de Harvard de origen austríaco Joseph Schumpeter, por ejemplo, en el primer capítulo de su libro de 1942 *Capitalism, Socialism, and Democracy*, titulado "Marx, el profeta", afirmaría: "En un sentido importante el marxismo es una religión. Para el creyente, ofrece en primer lugar fines últimos que encarnan el significado de la vida y constituyen estándares absolutos con los cuales juzgar los acontecimientos y las acciones; y, en segundo lugar, promete esos fines como realizables y señala el camino mediante el cual la humanidad —o al menos una sección escogida de la humanidad— ha de ser salvada. Podemos precisar aún más: el socialismo marxista también pertenece a ese subgrupo que promete el paraíso en este lado de la tumba"[321].

Nadie confesaría de manera más clara la naturaleza religiosa del marxismo que el socialista suizo M. Pidoux, citado por el economista italiano nacido en París Vilfredo Pareto en su obra de 1906 *Manual de economía política.* Con una fraseología que recuerda la esencia del mensaje cristiano del amor, en 1903 Pidoux escribió lo siguiente en el diario *La Jeunesse Socialiste (La Juventud Socialista):*

> El mismo socialismo es una religión. Es la religión por excelencia, la religión humana [...] que quiere que los hombres, solidarios unos de los otros, unan sus esfuerzos por hacer de la tierra un paraíso donde la especie humana pueda gozar de la mayor dicha posible [...]. Esta religión vale tanto como aquella que durante veinte siglos plantó su cruz sobre la tierra [...]. Nuestra religión quiere establecer entre dos libros la igualdad [...]. Es la religión del hombre, de la ciencia, de la razón [...]. Nuestra religión hace germinar en los corazones el amor del prójimo y el odio al mal. Hace germinar también la revolución que libera y que consuela [...]. Hace germinar la revolución contra la sociedad en que vivimos, y prepara la transformación de esta sobre las bases del colectivismo. Los residuos se enfrentan. La una es la religión del egoísmo y de la envidia; la otra es la de la solidaridad y de la ciencia. Esta última será la religión del porvenir[322].

Pareto veía en el auge del sentimiento religioso cristiano una fuerza de la cual se nutría el socialismo al que consideraba una religión secular con su promesa de la llegada de un reino de Dios inmediato en la tierra. Según Pareto, era "bien conocido cómo los primeros cristianos creían que el reino de Cristo vendría pronto a la tierra, y hace solo unos años los socialistas creían que el triunfo

321. Schumpeter, *Capitalism, Socialism, and Democracy,* 5.
322. Pareto, *Manual de economía política*, 80.

de su doctrina era inminente"[323]. Dado que el socialismo era una religión, advirtió Pareto, esta era totalmente imposible de refutar racionalmente. "Muchos imaginan que pueden combatir efectivamente el socialismo atacando las teorías de Marx, al igual que otros creían poder combatir el cristianismo señalando los errores científicos en la Biblia [...]. No es el libro de Marx el que creó a los socialistas, son los socialistas los que dieron fama al libro de Marx"[324], escribió el economista italiano.

Se trata de un combate perdido contra fanáticos. En palabras de Mises, "dado que el socialismo 'científico' es metafísica, una promesa milenarista de salvación, sería vano y superfluo argumentar científicamente en su contra. No sirve de nada combatir dogmas místicos con la razón. No hay enseñanza para fanáticos. Deben romperse la cabeza contra la pared"[325].

El carácter irracional de los marxistas, que ya analizamos como resultado del polilogismo que profesan, se refuerza en el hecho de que se trata de una religión secular que pretende, como el nazismo, haber descubierto el sentido total de la ley histórica. De ahí que Raymond Aron señalara que "el verdadero conocimiento del pasado nos recuerda el deber de la tolerancia", mientras que "la falsa filosofía de la historia propaga el fanatismo"[326]. Aron se refería al hecho de que no puede haber diálogo racional con quienes creen tener acceso a la mente de Dios y ser portadores de una verdad revelada e inevitable para redimir a la humanidad. Esta actitud propiamente gnóstica, que niega la libertad dentro del proceso histórico, es lo que Karl Popper denominó "miseria del historicismo", explicando que la historia humana es un proceso único que depende fundamentalmente de la adquisición de conocimientos cuyo progreso no es predecible utilizando el método científico. Por lo tanto, no existe una ley histórica susceptible de ser demostrada científicamente y por lo mismo no puede haber

323.Pareto, *An Application of Sociological Theories.*

324.*Ibid.*

325.Mises, *Socialism*, 288.

326.Aron, *El opio de los intelectuales*, 223.

una teoría de la historia como la hay sobre la física[327]. De ahí que, según el mismo Aron, el marxismo no sea más que una religión secular que, con su profetismo de un paraíso futuro, crea una esperanza que hace tolerable el asesinato de millones de personas[328].

En el contexto marxista, añadió Aron, la miseria es la prueba de la vocación del proletariado y el Partido Comunista la iglesia que lucha contra los burgueses, que serían el equivalente a los paganos[329]. Por cierto, esta pseudorreligión, que es el opio de los intelectuales según Aron, enseña obediencia a las masas confirmando la autoridad de los gobernantes de una forma que el cristianismo jamás hizo[330]. Por todo lo anterior, dice Aron, "el cristiano nunca puede ser comunista como tampoco podría creer este último en Dios y en Cristo, porque la religión secular animada por un ateísmo fundamental afirma que el destino del hombre se cumple por entero en esta tierra"[331].

Ahora bien, la experiencia en la Rusia comunista tanto como en la Alemania nazi era ciertamente de tipo religiosa cuando se observaba a bolcheviques y nacionalsocialistas. El célebre economista británico John Maynard Keynes, parte de la izquierda democrática de la época, visitaría Rusia en 1925, escribiendo tres artículos sobre su experiencia en ese país para la revista *The Nation and Athenaeum*. En ellos Keynes observaría que los bolcheviques, a pesar de haber querido erradicar la religión, no podían tener otro calificativo que el de "religiosos", añadiendo que el comunismo de Lenin era una "fe". Según Keynes, "como todas las otras religiones nuevas, la fuerza y poder del leninismo" venía de "una pequeña minoría de entusiastas conversos cuyo entusiasmo e intolerancia hace de cada uno una fuerza equivalente a la que tendrían cien personas indiferentes"[332]. Keynes añadió que a la

327. Popper, *La miseria del historicismo*, 12.
328. Aron, El opio de los intelectuales, 398.
329. *Ibid.*, 356-366.
330. *Ibid.*
331. *Ibid.*, 375-376.
332. Maynard Keynes, "Una breve visión sobre Rusia".

religión leninista no le importaba la verdad y que destruía necesariamente la libertad y las comodidades materiales, pues veía como su "Biblia" un manual de economía obsoleto —*El capital* de Marx— que estaba "equivocado científicamente"[333]. Luego agregaba que ninguna religión que fuera necesaria para la humanidad podía salir "de la basura de las librerías rojas" y en una sentencia que sería profética, Keynes señalaría, luego de comentar sobre el fracaso económico soviético y el carácter violento del leninismo que, "si el comunismo llega a tener algún tipo de éxito, este no será en el ámbito de un descubrimiento en la ciencia económica, sino como religión"[334].

Para muchos puede resultar contradictorio que una doctrina que se declara atea y científica como el marxismo leninismo sea, en realidad, el disfraz de una religión secular. Ello especialmente cuando se considera que el mismo Marx afirmó que la religión era "el opio del pueblo", formulando su crítica al cristianismo en los siguientes términos:

> El fundamento de la crítica religiosa es: el hombre hace la religión, y no ya la religión hace al hombre. Y verdaderamente la religión es la conciencia y el sentimiento que de sí posee el hombre, el cual aún no alcanzó el dominio de sí mismo o lo ha perdido ahora. Pero el hombre no es algo abstracto, un ser alejado del mundo. Quien dice: "El hombre", dice el mundo del hombre: Estado, Sociedad. Este Estado, esta Sociedad produce la religión, una conciencia subvertida del mundo, porque ella es un mundo subvertido. La religión es la interpretación general de este mundo [...], su consuelo y justificación universal. Es la realización fantástica del ser humano, porque el ser humano no tiene una verdadera realidad. La guerra contra la religión es, entonces, directamente, la lucha contra aquel mundo, cuyo aroma moral es la religión [...]. La religión es el sollozo de la criatura oprimida, es el significado real del

333. *Ibid.*
334. *Ibid.*

> mundo sin corazón, así como es el espíritu de una época privada de espíritu. Es el opio del pueblo. La eliminación de la religión como ilusoria felicidad del pueblo, es la condición para su felicidad real. El estímulo para disipar las ilusiones de la propia condición es el impulso que ha de eliminar un estado que tiene necesidad de las ilusiones. La crítica de la religión, por lo tanto, significa en germen, la crítica del valle de lágrimas del cual la religión es el reflejo sagrado[335].

Para Marx, la religión se trata de una fachada más sostenida por la estructura económica para adormecer las pulsiones revolucionarias de la masa y convencerla de que la recompensa viene en el más allá y de que acepten sus miserias, en circunstancias de que el paraíso puede crearse en la tierra. De este modo, al interponerse en el camino de la revolución violenta, el cristianismo se convierte en el principal enemigo del marxismo. Marx mismo confesó que este era su principal enemigo, señalando por un lado que "la abolición de la religión en tanto felicidad ilusoria del pueblo es una necesidad para su felicidad verdadera"[336] y por otro que "el cristianismo es la religión, la esencia de la religión, el hombre deificado como una religión especial"[337].

En suma, el ateísmo marxista fue el intento por sustituir el cristianismo, a cuyo dios, siguiendo la tradición gnóstica, calificó como maligno, por una versión pervertida y corrupta del mismo. Como el cristianismo, el marxismo reclamaba servir a la humanidad en nombre de la solidaridad y de los más débiles y pobres. Sin embargo, como observara el filósofo ruso Vladimir Soloviev, en materia de propiedad, Jesús pidió a sus seguidores desprenderse de sus posesiones, mientras los marxistas obligaban a otros a desprenderse de las suyas[338].

335. Karl Marx, *Critique of Hegel's Philosophy of Right*, 131.

336. *Ibid.*

337. Karl Marx, *Crítica de la Filosofía del Estado de Hegel*, 99.

338. Pipes, *Communism*, 4.

La religión nazi-fascista

Aunque Mussolini y Hitler afirmaron ocasionalmente respetar las religiones como un asunto privado, la verdad es que ambos, como los comunistas, detestaban el cristianismo e intentaron suplantarlo por su propia y perversa religión política. En efecto, diversos líderes nazis y fascistas hablan de su ideología abiertamente como una religión. Mussolini, por ejemplo, a quien ninguno de sus padres le transmitió el cristianismo[339], afirmaría lo siguiente en *La doctrina del fascismo:*

> El fascismo es una concepción religiosa que considera al hombre en su relación inmanente con una ley superior, con una Voluntad objetiva que trasciende del individuo particular y lo eleva convirtiéndolo en miembro consciente de una sociedad espiritual. Todo aquel que ante la política religiosa del régimen fascista se ha detenido en consideraciones de mera oportunidad, demuestra no haber comprendido que el fascismo, además de ser un sistema de gobierno, es también, y sobre todo, un sistema de pensamiento[340].

Y añadiría:

> El Estado fascista, siendo la forma más elevada y poderosa de la personalidad, es fuerza, pero en sentido espiritual. Esta fuerza resume todas las formas de la vida moral e intelectual del hombre. Por lo tanto, no se la puede limitar a simples funciones de orden y de tutela, como pretendía el liberalismo. No es un simple mecanismo que limite la esfera de las presuntas libertades individuales. Es forma y norma interior, y disciplina de toda la persona; penetra la voluntad como la inteligencia. Su principio, inspiración central de la personalidad humana que vive en la comunidad civil, desciende hasta lo hondo y se anida en el corazón del hombre de acción como en el del

339. Ludwig, *Tres dictadores*, 73.

340. Mussolini, *La doctrina del fascismo*, 4.

pensador, en el del artista lo mismo que en el del sabio: alma del alma[341].

A pesar de constituir una reacción en contra del cristianismo, por razones prácticas, el régimen de Mussolini debió entenderse con la poderosa Iglesia católica de la época, después de entrar varias veces en conflicto abierto con ella producto del intento del régimen por controlar totalmente la educación[342]. Sin embargo, Mussolini despreciaba visceralmente al cristianismo, debido a la influencia que sobre él tuvieron Marx y Friedrich Nietzsche. Sobre el ascetismo cristiano, por ejemplo, *il Duce* afirmó: "No nos olvidemos los modernos europeos de este pequeño monstruo inflado de la mediocridad incurable, con un alma que es incapaz de crecer; no es suficientemente reaccionaria para defender ese pasado feudal, no es lo suficientemente rebelde para llevar la revolución a sus más extremas consecuencias"[343]. Para Mussolini, al igual que para Marx, el cristianismo era un obstáculo para la revolución fascista. Por ello, ante la imposibilidad práctica de reemplazarla, pretendió penetrar al catolicismo creando un movimiento sincrético[344].

La visión de Mussolini sobre el cristianismo quedaría plasmada de la manera más clara en un agresivo ensayo que este escribiera en 1904 titulado *Dios no existe*. Mussolini justificó la escritura de ese texto señalando que "la lucha contra el absurdo religioso" era más que nunca "una necesidad", pues "seguir engañado sería cobardía"[345]. Luego procedió con su explicación señalando que "cuando afirmamos que 'Dios no existe', queremos negar con esta declaración al Dios personal de la teología, al Dios adorado de diversas maneras y modos por los creyentes de todo el mundo, a ese Dios que de la nada creó el universo, del caos la

341. *Ibid.*, 5.

342. Gentile, "Fascism as Political Religion", 230.

343. Nolte, "La influencia de Marx y Nietzsche en el socialismo del joven Mussolini", 154.

344. Gentile, "Fascism as Political Religion", 230.

345. Mussolini, *Dios no existe*.

materia, a ese Dios de atributos absurdos que es un agravio a la razón humana"[346]. Luego, citando directamente a Marx, Mussolini agregó que la religión era "el opio del pueblo", añadiendo que el cristianismo era "inmoral". Según Mussolini, "la Biblia y las morales llamadas cristianas" eran "dos cadáveres" que los evangelistas intentaban "galvanizar para darles vida, con, debe admitirse, un éxito bastante pequeño"[347].

De manera fulminante añadía:

> Es cierto que la religión es una enfermedad psíquica del cerebro, una contracción, un endurecimiento del individuo que, si es profundamente religioso, nos parece anormal. La historia de muchos santos, beatificados por la Iglesia, es repugnante. No muestra más que una profunda aberración del espíritu humano en busca de quimeras ultraterrestres; es un delirio que puede alcanzar el estado de espasmos de pasión y que termina en locura. Por lo tanto, muchos de los que hoy se ciernen sobre los altares de la Iglesia católica son casos patológicos, histéricos, deómanos y demonomaníacos[348].

Es difícil imaginar un ateísmo más militante y agresivo que el de Mussolini y, sin embargo, el fascismo al igual que los ateos comunistas no hicieron más que crear una religión política secular como reacción al cristianismo. Como explicara el historiador del fascismo Emilio Gentile, los métodos de movilizar a masas mediante el uso de mitos, rituales y símbolos, implicaban que el fascismo poseía características de una religión laica, es decir, de una "religión política"[349]. Esta era precisamente la intención de Mussolini según Gentile:

346.*Ibid.*

347.*Ibid.*

348.*Ibid.*

349.Gentile, "Fascism as Political Religion", 232.

Un socialista revolucionario y ateo militante como Mussolini también demostró cierto interés en los fenómenos religiosos y definió su concepción del socialismo revolucionario como "religiosa". En este período, el futuro *duce* no dio mucha importancia a los rituales, considerándolos un aspecto secundario de la religión, pero a menudo usó metáforas de la tradición cristiana para definir su concepto de partido revolucionario, llamándolo la *ecclesia* de creyentes y militantes. De hecho, para Mussolini el socialismo no era solo un concepto científico, también debía convertirse en una "fe"[350].

Desde esta visión, fuertemente influida por Marx como hemos dicho, Mussolini creó su religión paralela, una que no dudó en copiar las formas, simbología y rituales familiares a quienes profesaban la fe cristiana. La apocalíptica experiencia de la Primera Guerra Mundial contribuyó decisivamente a crear el ambiente ideal para el surgimiento de religiones políticas como el fascismo, en que la simbología mítica de la muerte, el sacrifico, el heroísmo, el culto a los mártires de la nación y la idea comunista de camaradería jugaron un rol central en difundir la noción de que la política era una experiencia total[351]. Lo que unió a los fascistas entonces, más que una doctrina, fue la experiencia religiosa de una fe compartida. De ahí que, en 1922, Mussolini declarara que el fascismo era una "creencia que ha alcanzado el nivel de religión"[352]. Como Marx, Engels y Lenin en el caso del comunismo, los fascistas se consideraban a sí mismos como los profetas, apóstoles y soldados de una nueva "religión patriótica", que había surgido en la "violencia purificadora de la guerra"[353]. Gentile concluye: "Dentro del régimen, la definición del fascismo como religión política se convirtió en la base formal de la cultura fascista y se repitió

350.*Ibid*.
351. *Ibid*., 233.
352.*Ibid*., 234.
353.*Ibid*.

continuamente en todos los niveles de la jerarquía y en todos los elementos de propaganda a lo largo de toda su existencia"[354].

Ahora bien, si el fascismo fue derechamente una religión política que, al igual que el marxismo, reaccionó en contra del cristianismo, el nazismo no fue diferente. Si bien Hitler se acercó mucho más a Marx en el sentido de haber afirmado que el nacionalsocialismo era científico y no religioso, lo cierto es que los supuestos datos científicos sobre la sangre, la raza y la rearmonización de la humanidad fueron santificados al punto de dotar a la pseudociencia nazi de un carácter religioso[355]. En palabras del historiador Michael Burleigh, "la naturaleza y la sangre usurparon el lugar de Dios en la eternidad"[356]. A esto nos referíamos cuando afirmamos que, mientras los marxistas habían divinizado la clase, los nazis lo habían hecho con la raza. No es que los nazis no tuvieran una concepción científica de la realidad, pues la ciencia se utilizó para deshacerse del cristianismo, sino más bien que a la ciencia se le atribuyeron una serie de cualidades religiosas. Así, explicó Burleigh, la certeza científica fusionada con el "gnosticismo apodíctico" derivado de herejías cristianas formó la esencia de la religión nazi[357].

Figuras emblemáticas de los nazis reconocieron el carácter religioso de su doctrina. Joseph Goebbels, por ejemplo, en 1928 declararía que el cristianismo debía ser reemplazado como religión por el nazismo: "¿Qué es para nosotros hoy el cristianismo? El nacionalsocialismo es religión. Solo falta el genio religioso que haga estallar las viejas fórmulas obsoletas y cree nuevas. Nos falta el rito. El nacionalsocialismo debe convertirse también alguna vez en la religión estatal de los alemanes. Mi partido es mi iglesia, y creo que sirvo mejor al Señor cumpliendo su voluntad y liberando a mi pueblo oprimido de las cadenas de los eslavos. Este es

354.*Ibid.*, 235.

355.Burleigh, *The Third Reich*, 253.

356.*Ibid.*, 254.

357.*Ibid.*

mi Evangelio"[358]. Y en 1936, repitiendo la temática de discursos anteriores diría, con ocasión del triunfo de Hitler en el referéndum sobre la remilitarización del Rin, que el país vivía un clima de revelación religiosa:

> Uno tenía la sensación de que Alemania se había transformado en una única gran iglesia que abarcaba todos los estamentos, profesiones y confesiones, en la que ahora su intercesor se presentaba ante el trono del Todopoderoso para dar testimonio de su voluntad y obra, y para implorar su gracia y su protección para un futuro que aún se presentaba incierto e impenetrable ante nuestros ojos [...]. Eso era religión en el sentido más profundo y misterioso. Allí una nación, a través de su portavoz, se confesaba ante Dios y depositaba confiadamente su destino y su vida en sus manos[359].

Pero sería el filósofo oficial del nazismo, Alfred Rosenberg, en su libro *El mito del siglo XX*, quien mejor explicaría el carácter anticristiano del nazismo. Rosenberg, uno de los primeros militantes del Partido Nazi, fue ascendido en 1933 a jefe de la oficina de asuntos exteriores del NSDAP, cargo que mantendría hasta 1945. En 1946 fue ejecutado luego de los juicios de Núremberg por su participación en el Holocausto. En su libro, Rosenberg planteó que el cristianismo era una religión humanista decadente y degenerada, que llevaba a la corrupción de la raza aria y de las grandes civilizaciones. En consecuencia, los nazis lo habían enterrado:

> La Humanidad, la iglesia universal y el ego soberano, divorciados de los lazos de sangre, ya no son valores absolutos para nosotros. Son dogmas dudosos, incluso moribundos, carentes de polaridad, y que representan el desplazamiento de la naturaleza en favor de abstracciones [...]. El cristianismo, con su credo vacuo de ecumenismo y su ideal de humanistas, ignoró

358.Goebbels, *Tagebücher 1924-1945*, 327.
359.*Ibid.*, 36.

el flujo de vitalidad de sangre roja que corre por las venas de todos los pueblos de verdadero valor y genuina cultura[360].

Rosenberg añadiría que estaba "despertando una nueva fe: el Mito de la Sangre, la creencia de que el ser divino de la humanidad en general debe ser defendido con la sangre. La fe encarnada en la plena convicción de que la sangre nórdica constituye aquel misterio que ha sustituido y sobrepasado a los antiguos sacramentos"[361]. En otros textos, Rosenberg afirmó la necesidad de abandonar al judeocristianismo por ser religiones que prometen una recompensa en el más allá, negando la vitalidad y el heroísmo que exige la vida real basada en la fuerza de la raza. De este modo, Rosenberg proponía una forma de paganismo cuyo sentido trascendente tenía que ver con la ascendencia genética, la que en su visión constituía un organismo histórico desarrollado por miles de generaciones[362]. En la misma línea de Rosenberg, Hitler declararía: "Frente a la doctrina cristiana de la significancia infinita del alma humana individual... yo opongo, con una claridad gélida, la doctrina salvadora de la nada y de la insignificancia del ser humano individual, y de la continuidad de su existencia en la inmortalidad visible de la nación"[363].

A pesar de que es discutida la influencia del libro de Rosenberg sobre Hitler, no hay dudas de que este tipo de ideas raciales anticristianas eran compartidas por el Führer y toda la dirigencia nazi. De hecho, según recordara Gregor Strasser, Hitler le habría dicho que la ideología de Rosenberg era "un componente inalienable del nacionalsocialismo", añadiendo: "En este momento, el cristianismo es uno de los puntos del programa del partido, tal como yo lo formulé. Pero hay que mirar más allá. Rosenberg es un precursor, un profeta: sus teorías son la expresión del alma

360. Rosenberg, *The Myth of the 20th Century*, 32.

361. *Ibid.*, 107.

362. Hexham, "The Mythic Foundation of National Socialism", 167.

363. Burleigh, *The Third Reich*, 256.

alemana"[364]. Otros confidentes de Hitler afirmaron que este hablaba de Rosenberg como la máxima autoridad en materia ideológica[365]. Por su parte Goebbels, en sus diarios, daría cuenta del anticristianismo de Hitler. El 5 de enero de 1937 escribió que "el Führer considera que el cristianismo está maduro para la desaparición. Esto puede tardar mucho, pero llegará"[366]. Y el 29 de diciembre de 1939 escribiría que "el Führer es profundamente religioso, pero completamente anticristiano. Ve en el cristianismo un síntoma de decadencia", y para Goebbels "tenía razón", pues el cristianismo era "una ramificación de la raza judía", lo cual se apreciaba "en la similitud de los ritos religiosos. Ambos no tienen ninguna relación con el animal y, a la larga, perecerán por ello"[367].

Ahora bien, en el punto 24 de los famosos veinticinco del programa del NSDAP de 1920 se señalaba que los nazis promovían un "cristianismo positivo". A eso se refería Hitler en la cita de Strasser mencionada anteriormente. Este concepto se incluyó de manera pragmática como camuflaje para evitar una reacción social y la oposición de las poderosas iglesias cristianas en contra del partido[368]. En efecto, los nazis tenían consciencia de que en principio no podían declararse anticristianos, por lo que debían capturar el concepto y transformarlo de acuerdo a su ideología. En 1937, por ejemplo, Goebbels afirmó que debían declararse como "los únicos cristianos verdaderos" para luego "con toda la fuerza del partido ir contra los saboteadores", es decir, los cristianos genuinos[369]. En ese sentido, lo que los nazis propusieron fue una "mimetización destructiva" que permitiera parasitar al cristianismo desde dentro para eliminar los valores de la compasión y la humildad y, en su lugar, imponer los del egoísmo racial, la fuerza y la brutalidad[370]. Por eso, la idea de un "cristianismo positivo" en realidad contenía la misma

364.Hexham, "The Mythic Foundations of National Socialism", 158-159.

365.*Ibid.*

366.Goebbels, *Tagebücher, 1924-1945*, 1026.

367. *Ibid.*, 1.363.

368.Benz, *et al.*, *Enzyklopädie des Nationalsozialismus*, 650.

369.Goebbels, *Tagebücher, 1924 -1945*, 1.049.

370.Burleigh, *The Third Reich*, 256.

mitología racial antisemita y anticristiana propuesta por Rosenberg. Ella incluía eliminar los elementos semitas del cristianismo afirmando, por ejemplo, que Jesús había sido un ario aguerrido que rechazaba a los judíos por ser usureros y materialistas[371]. Hitler reafirmaría esta farsa en *Mi lucha* señalando que "la posición de Cristo fue abiertamente opuesta a los judíos, acudiendo incluso al látigo cuando fue necesario, para sacar del templo de Dios a estos enemigos de la humanidad, que también entonces vieron en la religión un medio para conseguir sus fines comerciales"[372]. Con este tipo de retórica tramposa, se intentó absorber el cristianismo dentro de la ideología racial nazi para persuadir a más alemanes de convertirse a la religión de Hitler, quien para todos los efectos prácticos había suplantado a Dios en Alemania. De hecho, si el eslogan común del Segundo Reich Alemán (1871-1918) había sido "Un pueblo, un Reich, un Dios," en el Tercer Reich de Hitler la palabra Dios fue reemplazada por "Führer" y el eslogan quedaría en "Un pueblo, un Reich, un Führer"[373].

La pretensión del nazismo de reemplazar o cooptar al cristianismo quedaría aún más en evidencia en 1935 luego de que Hitler pusiera a Hanns Kerrl, amigo personal y abogado, como ministro de asuntos de la Iglesia. Luego de incidentes en que la Gestapo había arrestado a nueve pastores protestantes en 1937, Kerrl dejó claro a quienes se habían opuesto a la medida de fuerza que el "cristianismo positivo" era "nacionalsocialismo" y que el nacionalsocialismo realizaba "la voluntad divina", pues "la voluntad de Dios se revela en la sangre alemana"[374]. Kerrl añadió que la idea de que la doctrina cristiana consistía en la fe en Jesús Cristo como hijo de Dios le hacía "reír" y concluía: "El cristianismo no depende del Credo de los Apóstoles [...]. El verdadero cristianismo está representado por el partido, y el pueblo alemán ahora es llamado por el partido y, especialmente, por el Führer,

371. Ver: Heschel, *The Aryan Jesus.*

372. Hitler, *Mi lucha*, 194.

373. Weikart, *Hitler's Religion*, XVII.

374. Shirer, *The Rise and Fall of the Third Reich*, 211.

a un cristianismo real [...]. El Führer es el heraldo de una nueva revelación"[375].

En efecto, el plan de Hitler y Goebbels era precisamente sustituir las figuras del imaginario cristiano por el mismo Hitler y el nacionalsocialismo. En palabras del escritor alemán, biógrafo y editor de los diarios de Goebbels, Ralf Georg Reuth:

> Hitler, y no Cristo, debía ser el "profeta", el "ídolo", el "mesías". Hitler, y no Cristo, era aquel a quien Goebbels vinculaba con "milagros" y "señales", cuando, por ejemplo, durante el Congreso del Partido en 1937 observó que en el momento en que el "Führer" subió al podio, el sol rompió las nubes. Goebbels vivió los congresos del partido como una "misa solemne", el llamado de las SA como una "casi celebración religiosa", envuelta en "un hechizo místico infinito". Aquí, y no en las catedrales del Dios cristiano, se encontraba el servicio al dios nacionalsocialista[376].

Hitler se veía a sí mismo como la última oportunidad de la humanidad antes de la devastación total en caso de que la guerra de razas que preveía tuviera el desenlace equivocado[377]. Y los nazis lo veían del mismo modo. Era de hecho una creencia profundamente arraigada entre la jerarquía y los seguidores nazis, la idea de que la salvación económica, social y sobre todo espiritual de Alemania —y del mundo— vendría de la mano de su mesías, Adolf Hitler. Esto produjo genuinas experiencias de conversión entre los seguidores del nazismo, quienes veían al movimiento ante todo como una fuerza de transformación espiritual[378]. Es en ese contexto en que debe entenderse que Hans Frank, por ejemplo, encargado del territorio ocupado de Polonia, dijera que Hitler era "semejante a Dios" o que Robert Ley, uno de los más altos funcionarios del

375. *Ibid.*, 211- 212.
376. Goebbels, *Tagebücher, 1924-1945*, 1.060.
377. Burleigh, *The Third Reich*, 254.
378. David Redles, *Hitler's Millennial Reich*, 12.

partido, lo considerara "infalible"; mientras Schulz, uno de los jefes de la SS, afirmara que era superior a Jesucristo[379]. Rudolf Hess, por su parte, lo describiría como alguien que "obedecía a una vocación superior", y un documento oficial del Partido Nazi declaró "nosotros aquí creemos en Adolf Hitler, nuestro Führer [...] y que el nacionalsocialismo es la única fe que conduce el pueblo a la salvación"[380]. Goebbels, por su parte, llegaría a afirmar que Hitler era un semidios[381]. De ahí que, desde el Ministerio de Propaganda, se encargara de fomentar un culto mesiánico a su personalidad, solo comparable con el que realizarían los comunistas con figuras como Lenin y Stalin. Uno de los muchos ejemplos de este culto sagrado a Hitler se dio en 1934 en el rally del Partido Nazi en Núremberg, donde las Juventudes Hitlerianas cantaron lo siguiente:

> Somos la alegre Juventud Hitleriana,
> No necesitamos virtud cristiana,
> Pues nuestro Führer Adolf Hitler
> Es siempre nuestro Mediador.
> Ningún pastor, ningún malvado, puede impedir
> Que nos sintamos hijos de Hitler.
> No seguimos a Cristo sino a Horst Wessel,
> ¡Fuera el incienso y el agua bendita!
> La iglesia puede ser apartada de mí,
> La esvástica es la redención en la tierra,
> A ella seguiré por todas partes,
> ¡Baldur von Schirach [líder de la Juventud Hitleriana], llévame contigo! [382]

Es difícil imaginar un llamado más frontal a la superación del cristianismo que ese cántico con el que se adoctrinaba a las juventudes hitlerianas. Ello no implica, por cierto, que en el nazismo no

379.Pellicani, *Lenin y Hitler*, 117.
380.*Ibid.*
381. Weikart, *Hitler's Religion*, XVIII.
382.*Ibid.*

existieran diferencias desde el punto de vista de las concepciones religiosas de sus líderes. Así, por ejemplo, varios de los fundadores del Partido Alemán de los Trabajadores (DAP), precursor del NSDAP, seguían una mitología ocultista cultivada por la infame Thule Gessellchaft. Fundada en noviembre de 1918 en Múnich por Rudolf von Sebottendorf, se presentó originalmente como un "grupo de estudio sobre la Antigüedad germánica", pero en realidad unían las tradiciones *völkisch* de preguerra de los círculos pangermanos con ideas raciales de carácter pagano y un fuerte ingrediente antisemita. Este grupo, que reunía a personajes como Rudolf Hess, Dietrich Eckart y Gottfried Feder, entre otros, usaba como símbolo la esvástica y contaba con sus propios medios de prensa para difundir su ideología racial y pagana. Sin embargo, no fueron muchos los líderes nazis que participaron como miembros de esta organización a pesar de que algunas de sus ideas formaron parte del credo común del nazismo, incluso cuando diversos líderes nazis consideraban absurdos los ritos paganos. Cualquiera hayan sido las diferencias en la cosmovisión religiosa entre estos líderes, lo cierto es que todos compartieron un común denominador, a saber, la hostilidad a la tradición y valores judeocristianos en la forma como se habían desarrollado en Occidente por dos mil años. Y también adhirieron a un tipo de gnosis que los llevaría a caer en creencias místicas e historicistas sobre las razas y el destino del pueblo ario. En palabras de Burleigh, "los nazis despreciaban el cristianismo por sus raíces judías, afeminamiento, creencia en el otro mundo y universalismo. Parecía negador de la vida frente a los afirmadores de la vida, movilizando sentimientos y valores indeseados... en una palabra, el cristianismo era una enfermedad del alma"[383].

En el caso específico de Hitler, quien de manera oportunista alababa el cristianismo y en ocasiones utilizaba temas cristianos para atraer a los alemanes fingiendo que él también lo era, si hubiera que calificar su visión religiosa, esta sería más bien panteísta. A diferencia de Mussolini, Marx y Lenin, que eran ateos en el

383.Burleigh, *The Third Reich*, 255-256.

sentido de no creer explícitamente en una divinidad trascendente —aunque como vimos creían en religiones políticas seculares con su propia idea de lo divino—, Hitler, si bien rechazaba la idea de un Dios en el más allá responsable de la creación, creía en una divinidad inmanente a la creación misma[384]. Esto significa que adoraba la naturaleza en un sentido religioso y, por lo tanto, para él las leyes de ella eran su guía moral infalible, así como para los marxistas lo eran las leyes económicas de la historia. En todo caso, la impresión que dejaba a algunos de sus más cercanos era contradictoria: Goebbels lo consideraba un total anticristiano, pero creyente en alguna forma de dios; Strasser lo llegó a considerar un ateo peligroso para el legado cultural de Europa[385]. En lo que ambos coincidían era en el rechazo de Hitler por el cristianismo. Frente a Herman Rauschning, Hitler no dudaría en confesar sus intenciones de destruirlo mientras mostraba, al mismo tiempo, su pragmatismo político y doctrina panteísta:

> Las religiones son todas iguales, no importa cómo se llamen a sí mismas. No tienen futuro —ciertamente no para los alemanes—. El fascismo, si quiere, puede llegar a un acuerdo con la Iglesia. Yo también lo haré. ¿Por qué no? Eso no me impedirá arrancar el cristianismo de raíz y rama, y aniquilarlo en Alemania [...], para nuestro pueblo es decisivo el si acepta el credo judío-cristiano con su ética afeminada de compasión, o una fuerte y heroica creencia en Dios, en la naturaleza, Dios en nuestro propio pueblo, en nuestro destino, en nuestra sangre[386].

Hitler añadiría que se podía ser "alemán o cristiano, no las dos cosas", y que debían "liberar a los hombres que saben y sienten que Dios está dentro de ellos", concluyendo que "nosotros también somos una iglesia"[387].

384. Weikart, *Hitler's Religion*, XII-XIII.

385. *Ibid.*, XI.

386. Rauschning, *Hitler Speaks*, 57-58.

387. *Ibid.*

La guerra contra la Iglesia

El teórico político francés Alexis de Tocqueville, en su trabajo de 1856, *El Antiguo Régimen y la Revolución*, advirtió que "uno de los primeros pasos de la Revolución francesa consistió en combatir a la Iglesia, y entre las pasiones nacidas de esa Revolución, la primera en aparecer y la última en extinguirse fue la pasión irreligiosa"[388]. Los jacobinos serían así precursores de los nazis y comunistas también en su obsesión por destruir la cristiandad. Como la Francia revolucionaria, el anticristianismo de nazis, comunistas y fascistas se vio inevitablemente reflejado en la persecución que hicieron de las iglesias predominantes en los países que rigieron. En el caso de Italia hemos visto que Mussolini habría hecho desparecer por completo la religión católica si hubiera podido, pero su pragmatismo lo llevó a acomodarse con la Iglesia luego de duros conflictos. En el caso del comunismo es sabido que la religión fue derechamente prohibida. Es más, la Unión Soviética declaró el "ateísmo científico" como la doctrina oficial del partido y de la nación, persiguiendo toda manifestación religiosa cristiana o musulmana. Los comunistas destruyeron iglesias y templos, reprimieron brutalmente a grupos religiosos e inundaron los medios con propaganda antirreligiosa. A pesar de todo ello, el régimen totalitario fracasó en extirpar la fe de la cultura rusa[389]. En su "encíclica sobre el comunismo ateo" *Divini Redemptoris*, del 19 de marzo de 1937, el papa Pío XI haría una denuncia de esta doctrina señalando que el comunismo bolchevique y ateo pretendía "derrumbar radicalmente el orden social y socavar los fundamentos mismos de la civilización cristiana", recordando la definición de comunismo de León XIII como una "mortal enfermedad que se infiltra por las articulaciones más íntimas de la sociedad humana, poniéndola en peligro de muerte"[390]. Pero Pío XI iba aún más allá advirtiendo sobre el carácter místico y pseudorreligioso del comunismo: "El comunismo de hoy [...] encierra un seudoideal

388.Tocqueville, *El Antiguo Régimen y la Revolución*, 91.

389.Froese, "Forced Secularization in Soviet Russia", 35-50.

390. Pío XI. "Divini Redemptoris". *La Santa Sede*.

de justicia, de igualdad y de fraternidad en el trabajo satura toda su doctrina y toda su actividad con un cierto misticismo falso, que a las masas halagadas por falaces promesas comunica un ímpetu y entusiasmo contagiosos".

El comunismo, añadió, derivado de Marx y su materialismo dialéctico, enseñaba que solo existe la materia y que la sociedad humana no era más que "una apariencia y una forma de la materia", que por necesidad estaba en "un perpetuo conflicto de fuerzas, hacia la síntesis final: una sociedad sin clases". En esta doctrina, agregó, no había lugar para la idea de Dios ni para la libertad humana: "El comunismo despoja al hombre de su libertad, principio normativo de su conducta moral, y suprime en la persona humana toda dignidad [...]. Al ser la persona humana, en el comunismo, una simple ruedecilla del engranaje total, niegan al individuo, para atribuirlos a la colectividad, todos los derechos naturales propios de la personalidad humana".

Más importante aún, Pío XI argumentó que el comunismo esclavizaba a los hombres al poder exigirles, con un poder ilimitado, que trabajaran por el colectivo, incluso por la violencia, en lo que definió como una causa por una "humanidad sin Dios". El papa también calificó al comunismo como utópico y dado a crear un Estado con poder absoluto, insistiendo en su carácter de falso evangelio:

> ¡He aquí, venerables hermanos, el pretendido evangelio nuevo que el comunismo bolchevique y ateo anuncia a la humanidad como mensaje de salud y redención! Un sistema lleno de errores y sofismas, contrario a la razón y a la revelación divina; un sistema subversivo del orden social, porque destruye las bases fundamentales de este; un sistema desconocedor del verdadero origen, de la verdadera naturaleza y del verdadero fin del Estado; un sistema, finalmente, que niega los derechos, la dignidad y la libertad de la persona humana.

Luego de explicar que había un silencio cómplice de la prensa global que no denunciaba al comunismo, y que sus ideas seductoras eran esparcidas por el público con una maquinaria de propaganda jamás antes vista, Pío XI daba cuenta de sus crímenes:

> En las regiones en que el comunismo ha podido consolidarse y dominar se ha esforzado con toda clase de medios por destruir (lo proclama abiertamente) desde sus cimientos la civilización y la religión cristiana y borrar totalmente su recuerdo en el corazón de los hombres, especialmente de la juventud. Obispos y sacerdotes han sido desterrados, condenados a trabajos forzados, fusilados y asesinados de modo inhumano; simples seglares, por haber defendido la religión, han sido considerados como sospechosos, han sido vejados, perseguidos, detenidos y llevados a los tribunales... El furor comunista no se ha limitado a matar a obispos y millares de sacerdotes, de religiosos y religiosas, buscando de un modo particular a aquellos y a aquellas que precisamente trabajan con mayor celo con los pobres y los obreros, sino que, además, ha matado a un gran número de seglares de toda clase y condición, asesinados aún hoy día en masa, por el mero hecho de ser cristianos o al menos contrarios al ateísmo comunista. Y esta destrucción tan espantosa es realizada con un odio, una barbarie y una ferocidad que jamás se hubieran creído posibles en nuestro siglo.

En la misma línea, en 1983, el premio nobel de literatura ruso y sobreviviente del gulag, Aleksandr Solzhenitsyn, resumiría la criminalidad de los comunistas contra los cristianos en términos que vale la pena reproducir íntegramente:

> La década de 1920 en la URSS fue testigo de una interminable sucesión de víctimas y mártires entre el clero ortodoxo. Dos metropolitanos fueron fusilados; uno de ellos, Veniamin de Petrogrado, había sido elegido por voto popular de su diócesis. El propio patriarca Tikhon pasó por las manos de la Cheka-GPU y luego murió en circunstancias sospechosas. Cientos de arzobispos y obispos perecieron. Decenas de miles de sacerdotes, monjes y monjas, presionados por los chekistas

para renunciar a la palabra de Dios, fueron torturados, fusilados en sótanos, enviados a campos, exiliados a la tundra desolada del lejano norte, o echados a las calles en su vejez sin comida ni refugio. Todos estos mártires cristianos fueron a la muerte sin titubeos por su fe; los casos de apostasía fueron pocos y distantes entre sí. Para decenas de millones de laicos, el acceso a la Iglesia fue bloqueado, y se les prohibió educar a sus hijos en la fe: a los padres religiosos se les arrancó de sus hijos y se les arrojó a prisión, mientras que a los niños se les apartó de la fe mediante amenazas y mentiras. Se podría argumentar que la destrucción inútil de la economía rural de Rusia en la década de 1930, la llamada *dekulakización* y colectivización, que trajo la muerte a quince millones de campesinos sin tener ningún sentido económico, se impuso con tal crueldad, ante todo, con el propósito de destruir nuestro modo de vida nacional y extirpar la religión de nuestros campesinos[391].

Si bien es más conocida la guerra que libró el comunismo contra la religión, aunque sus crímenes suelen ocultarse, menos conocido es el hecho de que el nazismo fue igualmente cruento en su anticristianismo que el comunismo. Ya en 1933, dos meses después de que Hitler, quien había sido bautizado católico, llegara al poder, la Iglesia católica prohibió a sus miembros afiliarse al Partido Nazi por ver en el nacionalsocialismo un movimiento fundamentalmente contrario a la fe cristiana[392]. Luego, en 1937, el mismo año de su texto sobre el comunismo, en su encíclica *Mit brennender Sorge* (Con viva preocupación), el papa procedería a condenar el nazismo en términos similares a su condena del comunismo. El análisis de este documento resulta fundamental para comprender el conflicto, tanto doctrinario como político, que se libró entre la Iglesia católica y el régimen nazi, el que era visto como agresivamente anticristiano por el sumo pontífice. Pío

391. Solzhenitsyn, Aleksandr. "Men Have Forgotten God". *The imaginative conservative*, 2 de Agosto de 2024.

392. Weikart, *Hitler's Religion,* XI.

XI comenzaría refiriéndose a la dramática situación de la Iglesia en el Reich alemán, señalando que "con viva preocupación y con asombro creciente venimos observando, hace ya largo tiempo, la vía dolorosa de la Iglesia y la opresión progresivamente agudizada contra los fieles, de uno u otro sexo, que le han permanecido devotos en el espíritu y en las obras"[393]. Luego añadiría que los nazis estaban sembrando "la cizaña de la desconfianza, del descontento, de la discordia, del odio, de la difamación, de la hostilidad profunda, oculta o manifiesta, contra Cristo y su Iglesia, desencadenando una lucha que se alimentó en mil fuentes diversas y se sirvió de todos los medios". Todo esto, dijo el papa, traicionaba el espíritu del concordato que se había buscado celebrar en 1933 a instancias del propio gobierno del Reich. Pío XI argumentó luego que bajo la represión nazi se estaba poniendo a prueba la fe de los creyentes:

> En esta hora en que su fe está siendo probada, como oro de ley, en el fuego de la tribulación y de la persecución, insidiosa o manifiesta, y en que están rodeados por mil formas de una opresión organizada de la libertad religiosa, viviendo angustiados por la imposibilidad de tener noticias fidedignas y de poder defenderse con medios normales, tienen un doble derecho a una palabra de verdad y de estímulo moral por parte de Aquel a cuyo primer predecesor dirigió el Salvador aquella palabra llena de significado: *Yo he rogado por ti para que no desfallezca tu fe, y tú, una vez convertido, confirma a tus hermanos.*

Dando cuenta de la hipocresía de Hitler para engañar a los alemanes simulando que su credo tenía algo que ver con el cristianismo, el papa añadía que "no puede tenerse por creyente en Dios el que emplea el nombre de Dios retóricamente, sino solo el que une a esta venerada palabra una verdadera y digna noción de Dios". El papa también denunciaba la herejía panteísta en la que caía Hitler: "Quien, con una confusión panteísta, identifica a Dios con el universo, materializando a Dios en el mundo o

393. Pío XI. "Mit brennender Sorge". *La Santa Sede.*

deificando al mundo en Dios, no pertenece a los verdaderos creyentes". Pío XI procedía en seguida a enumerar otras razones por las cuales el régimen nazi era enteramente anticristiano. Entre ellas se encontraban el reemplazo del Dios personal y su sabiduría por uno de tipo impersonal como era la raza, la que había sido "divinizada" traicionando la fe cristiana. Además, denunciaba el uso falso del nombre de Dios "como una etiqueta vacía de sentido para un producto más o menos arbitrario de una especulación o aspiración humana". Más interesante aún, el papa explicaba el fundamento de la doctrina cristiana que pervertía el nazismo:

> Nuestro Dios es el Dios personal, trascendente, omnipotente, infinitamente perfecto, único en la trinidad de las personas y trino en la unidad de la esencia divina, creador del universo, señor, rey y último fin de la historia del mundo, el cual no admite, ni puede admitir, otras divinidades junto a sí... Este Dios ha dado sus mandamientos de manera soberana, mandamientos independientes del tiempo y espacio, de región y raza. Como el sol de Dios brilla indistintamente sobre el género humano, así su ley no reconoce privilegios ni excepciones. Gobernantes y gobernados, coronados y no coronados, grandes y pequeños, ricos y pobres, dependen igualmente de su palabra... Solamente espíritus superficiales pueden caer en el error de hablar de un Dios nacional, de una religión nacional, y emprender la loca tarea de aprisionar en los límites de un pueblo solo, en la estrechez étnica de una sola raza, a Dios, creador del mundo, rey y legislador de los pueblos, ante cuya grandeza las naciones *son como gotas de agua en el caldero.*

El papa procedía de inmediato a fulminar a los nazis por plagiar y distorsionar temas cristianos como la Revelación, señalando que en la tradición cristiana esta significaba "la palabra de Dios a los hombres" y que usar este término para "indicar las sugestiones que provienen de la sangre y de la raza o las irradiaciones de la historia de un pueblo" eran "monedas falsas" que no merecían pasar al "tesoro lingüístico de un fiel cristiano". Del mismo modo, añadía que la fe consistía en considerar verdadero lo que Dios ha revelado, y que "la confianza, risueña y altiva, sobre el porvenir del propio pueblo" se refería "algo bien distinto de la fe en sentido religioso". El querer sustituirlas para ser considerado como creyente por un cristiano convencido, agregaba, era, "un mero juego de palabras, una confusión de términos a sabiendas, o incluso algo peor". Respecto a la idea de inmortalidad, Pío XI explicaba que esta, en el sentido cristiano, se refería a "la sobrevivencia del hombre después de la muerte terrena, como individuo personal, para la eterna recompensa o para el eterno castigo". Y sentenciaba que "quien con la palabra *inmortalidad* no quiere expresar más que una supervivencia colectiva en la continuidad del propio pueblo, para un porvenir de indeterminada duración en este mundo, pervierte y falsifica una de las verdades fundamentales de la fe cristiana". Casi con irritación el santo padre añadía que "quien no quiere ser cristiano debería al menos renunciar a enriquecer el léxico de su incredulidad con el patrimonio lingüístico cristiano". Pío XI se acercaba al cierre de ese capítulo de la encíclica explicando la idea de pecado original también pervertida por los nazis, para quienes la noción cristiana de pecado era incompatible con el heroísmo germano[394]. Según el papa, a lo que los creyentes se enfrentaban en Alemania era a "los enemigos de Cristo", quienes "en su necio afán de ridiculizar la humildad cristiana como una degradación de sí misma y como una actitud cobarde" caían en una "repugnante soberbia" que no conseguía más que hacerse "ella misma ridícula". Finalmente Pío XI defendía la idea de la gracia cristiana frente a la apropiación nazi:

> La gracia, en el propio sentido cristiano de la palabra, comprende solamente los dones gratuitos sobrenaturales del amor divino, la dignación y la obra por la que Dios eleva al hombre a aquella íntima comunicación de su vida, que en el Nuevo Testamento se llama filiación de Dios... Rechazar esta elevación sobrenatural a la gracia por una pretendida peculiaridad del

394.Burleigh, *The Third Reich*, 259.

> carácter alemán, es un error, una abierta declaración de guerra a una verdad fundamental del cristianismo. Equiparar la gracia sobrenatural a los dones de la naturaleza equivale a violentar el lenguaje creado y santificado por la religión. Los pastores y guardianes del pueblo de Dios harán bien en oponerse a este hurto sacrílego y a este empeño por confundir los espíritus.

Probablemente no exista un mejor documento histórico que resumiera el carácter hipócrita y totalmente anticristiano de los nazis que esta encíclica de Pío XI, quien claramente advirtió cómo estos —no tan lejos de Marx— usaban formas del lenguaje cristiano para pervertirlo y destruir la fe cristiana, además de presentarse ellos mismos, según la ocasión, como creyentes, en circunstancias de que su fe no era la de Cristo sino la del anticristo. En *Mit brennender Sorge,* el papa afirmó que se alzaban voces que incitaban a salir de la Iglesia y que, entre ellas, algunas, por su posición oficial, intentaban "producir la impresión de que tal alejamiento de la Iglesia, y consiguientemente la infidelidad a Cristo Rey, es testimonio particularmente convincente y meritorio de su fidelidad al actual régimen". Más aún, el papa denunció que "presiones ocultas y manifiestas, intimidaciones, perspectivas de ventajas económicas, profesionales, cívicas o de otro género", además de una "violencia tan ilegal como inhumana", se utilizaba por el régimen para sacar a los católicos de la Iglesia. En ese contexto, decía que el único camino de salvación para el creyente era "la senda de un generoso heroísmo", y concluía: "Cuando el tentador o el opresor se le acerque con las traidoras insinuaciones de que salga de la Iglesia, entonces no habrá más remedio que oponerle, aun a precio de los más graves sacrificios terrenos, la palabra del Salvador: *Apártate de mí, Satanás, porque está escrito: al Señor tu Dios adorarás y a Él solo darás culto* (*Mt* 4,10; *Lc* 4,8)".

En la reflexión anterior el papa denunciaba una táctica que, como hemos comentado, era propia del régimen nazi y que el mismo Hitler admitiría ante Rauschning cuando señaló:

> ¿Qué podemos hacer? Exactamente lo que hizo la Iglesia católica cuando impuso sus creencias a los paganos: preservar lo que se pueda preservar y cambiar su significado. Debemos retomar ese camino: la Pascua ya no es resurrección, sino la renovación eterna de nuestro pueblo. La Navidad es el nacimiento de nuestro salvador: el espíritu de heroísmo y la libertad de nuestro pueblo. ¿Crees que esos sacerdotes liberales, que ya no tienen fe alguna, solo un oficio, se negarán a predicar a nuestro Dios en sus iglesias? Puedo garantizar que... reemplazarán la cruz por nuestra esvástica. En lugar de adorar la sangre de su supuesto salvador, adorarán la sangre pura de nuestro pueblo. Recibirán los frutos del suelo alemán como un don divino, y los comerán como símbolo de la comunión eterna de nuestro pueblo, tal como hasta ahora han comido el cuerpo de su Dios. Y cuando hayamos alcanzado ese punto... las iglesias volverán a estar llenas. Si así lo deseamos, así será —cuando sea nuestra religión la que se predique allí. No necesitamos apresurar el proceso[395].

Pero la estrategia de destruir el cristianismo desde dentro fue acompañada también de una desatada violencia contras iglesias protestantes y católicas. El régimen nazi excluyó a las iglesias de recaudar fondos para hacer caridad, eliminó la provisión de educación religiosa, persiguió a los padres creyentes que se oponían a las medidas antirreligiosas, transfirió sacerdotes católicos a áreas protestantes y pastores a áreas católicas para fomentar la sensación de aislamiento y eliminó todo contenido cristiano de los programas escolares, además de prohibir a sacerdotes y pastores entrar a escuelas[396]. Parte de los ataques nazis a las iglesias incluyeron esparcir excremento en los altares y puertas, descercar símbolos religiosos, cubrir iglesias con *posters* anticlericales, vandalizar imágenes sagradas, decapitar figuras de santos, remover crucifijos para utilizarlos de blanco para disparar, remover

395. Rauschning, *Hitler Speaks*, 58.
396. Burleigh, *The Third Reich*, 261.

crucifijos de salas de clases e incluso sabotear peregrinaciones en fechas sagradas. Como en la Unión Soviética, todo lo anterior causó considerable resistencia en las comunidades afectadas, protestantes y especialmente católicas, la que fue reprimida brutalmente por la policía[397]. Además, como había dicho Hitler a Rauschning, los nazis intentaron introducir sus propios ritos y cultos, incluyendo matrimonios de miembros de las SS en ceremonias bizarras y entierros apuntando hacia el norte, ritos que fracasaron en su intento de ser adoptados por la población como se pretendía. De manera similar a los jacobinos en la Revolución francesa, los nazis introdujeron su propio calendario con festividades nazis que reemplazaban las cristianas. Así, el año comenzaba el 30 de enero, conmemorando la toma del poder y continuaba con el 24 de febrero, fecha en la que se había promulgado el programa del partido, incluyendo luego una serie de fechas conmemorativas hasta diciembre[398]. Más delirante aún era la versión nazificada de la pasión de Cristo. Cada noviembre, en las calles centrales de Múnich se conmemoraba el "sacrificio" de los muertos del intento de golpe de Estado que daría Hitler en 1923, que había sido un completo fiasco político y cuyo desenlace envió a su líder a la cárcel. El rito mostraba el nacimiento de héroes y mártires del movimiento indicando que los muertos estaban presentes. Con influencias de la última cena, Hitler se mostraba hablando con sus camaradas para luego entrar por las calles oscuras donde se encontraban los dieciséis ataúdes de los mártires cubiertos con banderas con esvásticas, todo mientras algunos nazis veteranos, llevando sus "medallas de sangre", observaban cuales apóstoles. Así, Múnich se presentaba por el régimen como el equivalente a Roma o la Meca del nacionalsocialismo[399].

397. *Ibid.*, 262.
398.*Ibid.*, 264.
399.*Ibid.*, 265.

CAPÍTULO V

Antihumanismo o luciferismo

Si Dios no existe, todo está permitido.

FIÓDOR DOSTOYEVSKI

Marx, Hitler y Mefistófeles

En 1983, Aleksandr Solzhenitsyn diría: "Si hoy me pidieran formular de la manera más concisa posible la causa principal de la ruinosa revolución que se tragó a unos sesenta millones de nuestro pueblo, no podría expresarlo con mayor precisión que repitiendo: Los hombres han olvidado a Dios; por eso ha ocurrido todo esto"[400]. Solzhenitsyn explicó que la pérdida de una consciencia humana anclada a su dimensión divina había llevado, primero, a las masacres inéditas con gas venenoso de la Primera Guerra Mundial y, luego, al genocidio comunista y nazi. En Rusia, añadió, el proceso de secularización que había comenzado siglos antes condujo a que una élite completamente atea liderara la revolución desatando una guerra total contra la religión católica ortodoxa con catastróficas consecuencias. Apoyándose en las lecciones que Dostoyevski extrajo de la Revolución francesa, Solzhenitsyn concluyó que "toda revolución comienza con el ateísmo".

En el caso alemán sería nada menos que uno de los máximos jerarcas nazis, Hans Frank, encargado de administrar Polonia y dirigir el genocidio en ese país, quien haría un reconocimiento en la misma línea del diagnóstico de Solzhenitsyn. En su declaración final antes de ser condenado a muerte en los juicios de Núremberg en 1946, Frank admitiría que había sido el alejamiento de Dios y Cristo lo que había llevado a Alemania a la catástrofe: "Al comienzo de nuestro camino no sospechábamos que nuestro alejamiento de Dios podría tener consecuencias tan desastrosas y mortales, ni que necesariamente nos veríamos cada vez más

400. Solzhenitsyn, Aleksandr. "Men Have Forgotten God". *The imaginative conservative*, 2 de Agosto de 2024.

profundamente implicados en la culpa... Al apartarnos de Dios, fuimos derribados y tuvimos que perecer. No fue solo por deficiencias técnicas ni por circunstancias desafortunadas que perdimos la guerra, ni tampoco por desgracia o traición. Ante todo, Dios pronunció y ejecutó su juicio sobre Hitler y sobre el sistema al que servimos con mentes alejadas de Él..."[401].

Frank finalizó su intervención con un llamado desesperado al pueblo alemán: "Ruego a nuestro pueblo que no continúe en esa dirección, ni siquiera un solo paso más, porque el camino de Hitler fue el camino sin Dios, el camino del apartamiento de Cristo y, en última instancia, el camino de la insensatez política, el camino del desastre y el camino de la muerte. Invocamos al pueblo alemán, sobre el cual fuimos gobernantes, a que retorne de este camino que, conforme a la ley y la justicia de Dios, tuvo que llevarnos a nosotros y a nuestro sistema al desastre, y que llevará al desastre a cualquiera que intente recorrerlo o continuar en él, en cualquier parte del mundo"[402].

No deja de ser estremecedor que uno de los responsables principales de parte de los crímenes más horribles de que tenga registro la humanidad, en sus últimos días de vida antes de ser condenado a muerte por los mismos, hiciera un reconocimiento tan profundo sobre la causa de la tragedia espiritual alemana, la misma que, como veremos más adelante, Carl Jung anticiparía años antes de la guerra al observar el alejamiento del cristianismo que estaba teniendo lugar en Alemania bajo la conducción de Hitler.

Ahora bien, las reflexiones de Frank, como las de Solzhenitsyn, reafirman la idea de que es imposible desconectar la criminalidad de marxistas y nazis de su obsesión por destruir el legado cristiano occidental para crear un mundo totalmente nuevo, incluyendo a un hombre nuevo. En ambos casos, el anticristianismo permitió que se pusiera en práctica el antihumanismo en su forma más pérfida. Si por humanismo podemos entender una filosofía que

401. Frank. "Núremberg Trial Proceedings, Volume 22: Two Hundred and Fiftieth Day, Saturday, 31 August 1946".

402. *Ibid*.

pone al ser humano concreto con su dignidad, libertad y racionalidad en el centro de la reflexión ética y como principio rector del orden moral y social, con antihumanismo nos referimos a lo opuesto: un desprecio absoluto por el ser humano concreto, el que es considerado nada más que un medio o un estorbo a ser eliminado si es necesario para alcanzar un fin ulterior.

En términos de la teológica cristiana, lo que nazis y marxistas buscaron fue destruir definitivamente la creación divina para erigirse en dioses ellos mismos y crear un mundo a su imagen y semejanza. Ahora bien, en la tradición bíblica, la pretensión de destruir todo para reemplazar a Dios como creador del orden moral y natural es propia del demonio. De ahí que, como explica el historiador Luciano Pellicani, pueda decirse que el radicalismo del totalitarismo comunista y nazi se encuentre animado por una *hybris* que es posible de calificar como "satánica"[403]. La antiesencia del mal que inspiró tanto a comunistas como nazis la representó de manera magistral el genio alemán del siglo XVIII Johan Wolfgang von Goethe en su obra *Fausto*. En ella, Mefistófeles, el demonio, se presenta como el espíritu de la destrucción:

> Soy el Espíritu que siempre niega y con razón,
> porque todo lo que llega a existir debe perecer.
> Por eso sería mejor que nada llegara a existir.
> Así, todo lo que vosotros llamáis pecado, destrucción,
> en resumen, maldad,
> es mi propio elemento[404].

No es casualidad que la frase de Mefistófeles "todo cuanto existe debe perecer" causara fascinación en Marx, quien probablemente veía resumida en ella la esencia de su proyecto transformador[405]. En *El 18 Brumario de Luis Bonaparte*, por ejemplo, Marx escribió citando directamente a Goethe que "el sufragio universal

403.Pellicani, *Lenin y Hitler*, 29.

404.Goethe, *Fausto*, 1335-1344.

405.Kengor, *The Devil and Karl Marx*, 36–37.

solo pareció sobrevivir un instante para hacer su testamento de puño y letra a los ojos del mundo entero y poder declarar, en nombre del propio pueblo: 'Todo lo que existe merece perecer'"[406]. Esa misma idea planteó junto a Engels en su obra *La sagrada familia,* donde definieron al Partido Comunista como "el partido destructor" que debía "aniquilar" a los propietarios[407].

Como es propio de toda reacción gnóstica y anticristiana, la verdad fue la primera víctima de la destrucción marxista. Bertrand Russell, como vimos en la introducción, consideraba a Marx un fraude intelectual porque no le importaba la verdad, sino azuzar a las masas para generar destrucción. En el mismo sentido el historiador Paul Johnson, en su biografía del pensador alemán, afirmó que este no tenía interés alguno en descubrir la verdad, sino en proclamarla[408]. Eric Voegelin, en tanto, señalaría que Marx se había erigido en una autoridad a la que no se le podía cuestionar absolutamente nada, pues su sistema de pensamiento incluía la "prohibición de preguntar", es decir, de pensar; solo quedaba aceptar la visión de Marx como verdad revelada y someterse a su doctrina. Voegelin dijo también que el "hombre socialista", que postuló Marx, era idéntico al hombre nazi encargado del campo de concentración, pues a este tampoco se le podría ocurrir cuestionar ni la doctrina ni el sistema que exigía su labor de destrucción[409]. Por esa negación consciente de la verdad, Voegelin concluyó que Marx era "un fraude intelectual"[410]. El filósofo alemán Karl Jaspers compartió esa opinión explicando que nada de lo que escribía Marx era confiable, pues en lugar de hacer ciencia, como este pretendía, tergiversaba la realidad para promover una fe dogmática:

406.Marx, *El 18 Brumario de Luis Bonaparte*, 19.

407. Marx y Engels, *La sagrada familia*, 50.

408.Johnson, *Intelectuales*, 65.

409.Voegelin, *Science, Politics, and Gnosticism*,17-18.

410. *Ibid.*, 18.

> El estilo de los escritos de Marx no es el de un investigador [...], no cita ejemplos ni presenta hechos que contradigan su propia teoría, sino solo aquellos que indiscutiblemente dan fundamento o confirman lo que él considera la verdad última. El enfoque es, en su totalidad, el de una justificación, no de una investigación, pero es la justificación de algo presentado como la verdad indiscutible, con la convicción no ya de un científico sino de un creyente[411].

Marx fue incluso más allá y falseó deliberadamente y de manera sistemática hechos y estadísticas en su obra *El capital* para justificar las conclusiones a las que quería llegar. Tampoco dudó en engañar deliberadamente para convencer a su audiencia[412]. Pero la inspiración destructiva, es decir, mefistofélica de Marx, se reflejaría de la forma más clara en su poesía. Según Johnson "el salvajismo junto con un intenso pesimismo respecto a la condición humana, odio, una fascinación por la corrupción y la violencia, los pactos suicidas y los pactos con el demonio" eran característicos de su poesía como también lo fue la visión apocalíptica que lo acompañaría toda su vida y que se reflejaría a lo largo de su obra[413]. De su poesía, la que se refiere a Satanás es la más impactante. En el poema *El violinista*, por ejemplo, Marx escribiría pasajes anunciando su pacto con el demonio:

> El violinista comienza a tocar,
> su cabello rubio cae hacia abajo.
> Lleva una espada a su lado,
> y un amplio, arrugado manto.
> —"¡Oh violinista, por qué tocas tan salvaje?
> ¿Por qué esa mirada salvaje en tus ojos?
> ¿Por qué la sangre saltando, las olas surgiendo?
> ¿Por qué destrozas tu arco?".

411. Citado en: Johnson, *Intelectuales*, 73.
412. *Ibid.*,75 y ss.
413. *Ibid.*, 66.

—"Toco por el bien del rugiente mar,
que se estrella contra las paredes del acantilado,
para que mis ojos se cieguen y mi corazón reviente,
y mi alma resuene en las profundidades del infierno".
—"¡Oh violinista, por qué desgarras tu corazón
en burla? Esta arte te fue dada
por un Dios brillante para elevar la mente
hacia la música que crece en la danza estrellada".
—"Mira ahora, mi espada, oscura como la sangre,
apuntará sin error en tu alma.
Dios no conoce ni honra el arte.
Los vapores infernales ascienden y llenan el cerebro,
hasta que enloquezca y mi corazón se transforme por
completo".
—"Mira esta espada, el Príncipe de las Tinieblas me la vendió.
Por mí marca el tiempo y me da las señales.
Cada vez con más audacia toco la danza de la muerte.
Debo tocar sombríamente, debo tocar levemente,
hasta que mi corazón y mi violín estallen"[414].

Tal como explicó Robert Payne en su aclamada biografía sobre Marx, el poema anterior celebra el misterio satánico, pues el violinista es Mefistófeles o Lucifer, tocando la música que acompaña el fin del mundo. El pacto con el demonio se sella con la compra de la espada que mata con precisión. Y mata al mundo, más por burla que por odio, pues sabe que Dios ha abandonado al mundo a su suerte[415].

En la misma línea, en su poema *La doncella pálida*, de 1837, Marx exclamaría:

Así que he perdido el Cielo, lo sé muy bien,
Mi alma una vez fiel a Dios, está elegida para el Infierno[416].

414. Payne, *Marx*, 62.
415. *Ibid.*
416. Karl Marx, "The Pale Maiden".

En otro de sus poemas llamado *Invocación de un desesperado*, Marx afirmó que su propósito era vengarse de Dios y destronarlo para ocupar su lugar:

> Así un dios me ha arrebatado todo
> En la maldición y el tormento del Destino.
> ¡Todos sus mundos han desaparecido sin retorno!
> ¡Nada más que venganza me queda! En mí mismo venganza orgullosamente infligiré,
> En ese ser, ese Señor entronizado,
> Hacer mi fuerza un mosaico de lo débil,
> ¡Dejar mi mejor yo sin recompensa! Construiré mi trono alto por encima.
> Fría, tremenda será su cima[417].

Los últimos poemas tienen un correlato en la Biblia, que Marx conocía muy bien porque había estudiado profundamente en su juventud cuando era un cristiano convencido. Así, por ejemplo, en Isaías 14:13, Lucifer se jacta: "Ascenderé al cielo, e instalaré mi trono sobre las estrellas de Dios". Pero Marx escribiría también una obra dramática llamada *Oulanem*, que, en su arrogancia característica, esperaba fuera el equivalente a *Fausto* de su época[418]. El título es una inversión del nombre bíblico Emmanuel, que significa "Dios con nosotros" y que en la inversión presumiblemente buscaba señalar lo contrario, pues el tema era, una vez más, el pacto con el demonio. En esa obra, Marx dijo:

> ¡Todo perdido! La hora ha expirado, y el tiempo
> se detiene. Este universo pigmeo se derrumba.
> Pronto me aferraré a la Eternidad y aullaré
> la gigantesca maldición contra la humanidad en su oído[419].

417. Karl Marx, "Invocation of One in Despair".
418. Johnson, *Intelectuales*, 65.
419. Karl Marx, "Scenes from Oulanem: A Tragedy".

Y luego añadió:

Si hubiera algo más que pudiera devorar,
¡saltaría a ello, incluso si tuviera que destrozar un mundo,
que se había alzado como torre entre él y yo!
Tendría que romperse en la larga maldición,
rodearía con mis brazos al ser (*Sein*) duro,
y abrazado a mí, tendría que perecer en silencio.
Y luego, hundirse en la nada,
perecer por completo, no existir, ¡eso sería vida!

Estas palabras hablan de una fantasía de aniquilación absoluta de Marx, quien declara estar dispuesto a destrozar un mundo entero para poder llegar a ese ser que aún existe, es decir, a la creación, y así poder destruirla para luego hundirse en la nada y perecer por completo. Se trata, en resumen, nuevamente del espíritu mefistofélico que inspiró buena parte de su poesía y ciertamente de su trabajo como profeta de la revolución y del fin de la historia.

En la misma sintonía mefistofélica se manifestaron otros emblemáticos líderes socialistas de la época de Marx. El teórico anarquista y ateo Mikhail Bakunin, por ejemplo, quien, como Marx, hasta ser expulsado sería miembro de la Primera Internacional, escribió elogios a Satanás por su rebelión contra Dios: "Satanás es el rebelde eterno, el primer librepensador y el emancipador de los mundos. Él avergüenza al hombre de su ignorancia bestial y de su obediencia; lo emancipa, imprime en su frente el sello de la libertad y de la humanidad, al instarlo a desobedecer y comer del fruto del conocimiento"[420].

Según Bakunin, el cristianismo es "la religión por excelencia, porque exhibe y manifiesta, en la mayor medida, la verdadera naturaleza y esencia de todo sistema religioso: el empobrecimiento, la esclavitud y la aniquilación de la humanidad en beneficio de la

420.Bakunin, *God and the State*, 6-7.

divinidad"[421]. De manera similar, otro ateo socialista, Pierre-Joseph Proudhon, con quien Marx polemizó eventualmente por oponerse a la revolución violenta, diría que el Dios cristiano era maligno por lo que había hecho al hombre y que Dios mismo era Satanás. Para Proudhon, "Dios es estupidez y cobardía; Dios es hipocresía y falsedad; Dios es tiranía y miseria; Dios es maldad. Mientras la humanidad se incline ante un altar, la humanidad, esclava de reyes y sacerdotes, estará condenada; mientras un hombre, en nombre de Dios, reciba el juramento de otro hombre, la sociedad se fundará en el perjurio; la paz y el amor serán desterrados de entre los mortales"[422]. Luego anunció su rebelión contra Dios: "Niego la supremacía de Dios sobre la humanidad; rechazo su gobierno providencial, cuya inexistencia queda suficientemente demostrada por las alucinaciones metafísicas y económicas de la humanidad —en una palabra, por el martirio de nuestra raza—; rehúso la jurisdicción del Ser Supremo sobre el hombre; quitadle sus títulos de padre, rey, juez, bueno, misericordioso, compasivo, auxiliador, remunerador y vengador"[423].

Este ateísmo militante, que en realidad más parece ser una negación consciente de Dios, pues todos escribían como si este existiera, llevaría a Aleksandr Solzhenitsyn a caracterizar los planes del comunismo como "diabólicos":

> El mundo nunca había conocido antes una impiedad tan organizada, militarizada y tenazmente malévola como la predicada por el marxismo. Dentro del sistema filosófico de Marx y Lenin, y en el corazón de su psicología, el odio a Dios es la fuerza motriz principal, más fundamental que todas sus pretensiones políticas y económicas. El ateísmo militante no es meramente incidental o marginal en la política comunista; no es un efecto secundario, sino el pivote central. Para alcanzar sus fines diabólicos, el comunismo necesita controlar a una

421. *Ibid.*, 7.
422. Proudhon, *The Philosophy of Poverty.*
423. *Ibid.*

> población despojada de sentimiento religioso y nacional, y esto exige la destrucción de la fe y de la nación. Los comunistas proclaman ambos objetivos abiertamente, y con igual franqueza los ponen en práctica[424].

No es extraño que Payne concluyera que Marx "tenía la visión diabólica del mundo y la malignidad del diablo" y que "a veces parecía saber que estaba haciendo el mal"[425]. Su personalidad, no está de más reparar en ello, tampoco proyectaba algo diferente. Agresivo, violento, obsesionado con el poder, sucio —no solía bañarse—, abusivo, intolerante y manipulador eran las características que notaban sus contemporáneos, incluyendo sus padres[426]. Además, Marx era un traidor que informaba a las autoridades inglesas sobre las actividades de sus colegas socialistas a cambio de dinero. Payne resume la personalidad de Marx de la siguiente manera:

> Estaba muy lejos de ser un modelo de virtudes comunistas. Se entregaba a monumentales borracheras públicas, especulaba en la bolsa, sedujo a su sirvienta, engendró un hijo ilegítimo, coqueteó con jóvenes aristócratas y disfrutaba de sus visitas a caros balnearios, donde podía relacionarse con los ricos y privilegiados. Bakunin lo acusó de ser un espía de la policía, pero esto era poco decir, pues entregó los documentos de la Internacional en manos del ministro del Interior británico, jefe de la policía. Explotó a todos los que lo rodeaban —a su esposa, a sus hijos, a su amante y a sus amigos— con una crueldad tanto más terrible cuanto que era deliberada y calculada. Sus gustos eran los de un aristócrata feudal. Era de aquellos que están decididos a mandar, cualquiera que sea el costo en dolor y sufrimiento para los demás [...]. Durante gran parte de su vida, su

424. Solzhenitsyn, Aleksandr. "Men Have Forgotten God". *The imaginative conservative*, 2 de Agosto de 2024.

425. Payne, *Marx*, 317.

426. Johnson, *Intelectuales*, 80-81.

mente habitó en fantasías de poder. En momentos de depresión, se animaba a sí mismo con la esperanza de convertirse en el dictador revolucionario de Alemania, y discutía con toda seriedad con su amigo Friedrich Engels cómo la próxima crisis lo llevaría inevitablemente a una posición de poder supremo[427].

Edgar Bauer, el hermano de Bruno Bauer, intelectual socialista amigo de Marx, escribió un texto poético describiendo la personalidad de Marx como demoníaca:

¿Quién irrumpe corriendo, impetuoso y salvaje,
oscuro sujeto de Tréveris, enfurecido?
Ni camina ni salta: se abalanza sobre su presa,
con rabia desgarradora, como quien quisiera asir
los vastos espacios del cielo y arrastrarlos a la tierra,
extendiendo los brazos abiertos hacia los cielos.
Su puño maligno está cerrado, ruge sin fin,
como si diez mil demonios lo tuvieran por los cabellos[428].

La vida familiar de Marx resultó tan trágica como la obra *Fausto* de Goethe que tanto admiraba. La verdad es que Marx abandonó a su familia y casi nunca se esforzó por proveerles de un buen vivir. Marx no fue al entierro de su padre, pero sí reclamó la herencia, abusó de su madre al punto de que esta cortó relaciones con él tras sufrir años de presiones para que pagara sus deudas, y cuando ya no pudo explotar más a sus padres y a la familia de su mujer, Jenny von Westphalen, una aristócrata alemana, encontró a Engels como nuevo objeto de explotación. También ahí hubo un momento en que casi se corta la amistad pues, luego de contarle sobre la triste muerte de su amante, Mary Burns, Marx replicó en una carta que necesitaba más dinero, sin darle mayor importancia al hecho relatado por Engels[429]. Marx prácticamen-

427. *Payne, Marx, 11-12.*
428. *Ibid.*, 81.
429. Johnson, *Intelectuales*, 86.

te nunca trabajó y siempre fue despilfarrador con el dinero que recibía, llegando a empeñar casi todas las posesiones de la familia para pagar deudas. Prohibió a sus hijas mujeres estudiar una carrera y les dificultó mucho armar su propia vida familiar. Su hija Eleanor, finalmente, entró en una relación con un hombre abusivo como su padre y se quitó la vida en un pacto suicida con su marido que este no cumplió y se dio a la fuga. Su hija Laura y el marido de esta, Paul Lafargue, de origen parcialmente cubano, a quien Marx llamaba despectivamente "el negrillo" y "el gorila", se quitaron también la vida en un pacto suicida. Otra hija murió de bronquitis al año de vida y un hijo pequeño enfermó y murió de gastroenteritis producto de la falta de cuidados de Marx para prevenir y tratar la enfermedad[430]. El hijo ilegítimo que tuvo con su empleada de origen campesino sobrevivió, pero lo dio en adopción y pidió a Engels que asumiera la paternidad para evitar el escándalo que podría afectarlo[431]. En síntesis, aunque Marx quería a su mujer e hijos, el supuesto campeón del humanismo era un ser humano de carácter despreciable, que arrastró a toda su familia a una tragedia fáustica porque, en la práctica, le importaba poco el bienestar de sus más cercanos.

Ahora bien, el caso de los nazis con la figura simbólica de Satanás no es muy diferente al de Marx. Hemos visto que, al igual que los marxistas, los nazis rechazaban absolutamente el cristianismo para, de ese modo, intentar sustituir a Dios y crear un orden enteramente nuevo en la realidad material y espiritual. No deja de ser decidor en ese contexto que Alfred Rosenberg, como principal teórico del nazismo, haya dicho que la inspiración de la ideología nazi era "luciferina", describiendo a Lucifer de modo similar a cómo Bakunin definió a Satanás. Para Rosenberg, Lucifer era el espíritu rebelde, de búsqueda de la verdad, aventura y conquista del mundo propio de la raza aria[432]. Luego haría explícito el intento

430. *Ibid.*, 88-89.

431. *Ibid.*, 90.

432. Rosenberg, *The Myth of the 20th Century*, 220-221. Rosenberg distingue entre lo satánico y lo lucífero, arguyendo que lo satánico es la conquista mecánica del mundo propia de los judíos mientras lo lucífe-

de los nazis de convertirse en dioses citando aprobatoriamente al místico condenado por hereje en el siglo XIII, Meister Eckhart: "Soy la causa de mi propio ser, según mi naturaleza eterna y temporal. Solo por esta razón he nacido. Según mi modo eterno de nacer, he estado aquí desde la eternidad, y soy y permaneceré eternamente. Únicamente lo que soy como criatura temporal morirá y se convertirá en nada, pues pertenece al día; por lo tanto, debe, como el tiempo, desaparecer. En mi nacimiento todas las cosas también nacieron; fui simultáneamente la causa de mí mismo y la causa de todas las cosas. Y si yo lo deseara, ni yo ni nada más existiríamos. Y si yo no existiera, tampoco existiría Dios"[433].

Este afán destructivo anticristiano llevaría a Herman Rauschning en su obra *La revolución del nihilismo* de 1938, a caracterizar al nazismo como "demoníaco-violento"[434]. Según Rauschning, la revolución nazi tenía una esencia "jacobina" al igual que el comunismo, en tanto que Goebbels poseía un "genuino y demoníaco ingenio revolucionario"[435]. Esta comparación de Rauschning entre jacobinismo y nazismo como fuerzas demoníacas es aún más apropiada cuando se recuerda que, en 1797, el filósofo francés Joseph de Maistre describió la revolución jacobina en Francia como "satánica", haciendo un análisis que resulta aplicable tanto al comunismo como al nazismo:

> Hay un carácter satánico en la Revolución francesa que la distingue de todo lo que hemos visto y, probablemente, de todo lo que veremos en el futuro. Recuerda las grandes asambleas, el discurso de Robespierre contra el sacerdocio, la solemne apostasía del clero, la profanación de los objetos de culto, la instalación de la diosa de la razón y esa multitud de acciones extraordinarias con las que las provincias buscaron superar a

ro es la conquista y transformación que hacen los arios con un propósito ulterior.

433. *Ibid.*,191-192.

434. Rauschning, *Die Revolution des Nihilismus*, 388.

435. *Ibid.*, 473.

París. Todo esto trasciende el círculo ordinario del crimen y parece pertenecer a otro mundo[436].

Maistre se refería aquí a la ruptura e incluso al "odio" contra el orden divino, específicamente el de la cristiandad, que definió a los revolucionarios franceses, quienes buscaron aniquilarlo completamente cerrando iglesias, creando una religión nueva para las masas, cambiando el calendario para reemplazar fechas festivas religiosas, ejecutando sacerdotes y confiscando los bienes de la Iglesia católica, entre otras medidas que fueron aplicadas de manera similar por nacionalsocialistas y marxistas. Entre 1792 y 1793 emigraron como consecuencia de la política de *tabula rasa* jacobina treinta mil clérigos, otros dos mil fueron deportados y trescientos asesinados en prisiones parisinas. Como consecuencia, la Iglesia católica se vio obligada a pasar a la clandestinidad[437]. Se trató entonces, con los jacobinos, del mismo espíritu mefistofélico de destrucción total de la creación cristiano-occidental que buscaron Hitler, Marx, Lenin y en menor grado Mussolini. Tal como Rauschning explicó refiriéndose a la revolución nacionalsocialista: "No es la voluntad de configurar un nuevo orden, sino la demolición y destrucción del último elemento de orden de un viejo orden detestado lo que otorga a esta política dinámica su carácter demoníaco"[438].

Según Rauschning, las metas lejanas anunciadas por el nazismo —el horizonte utópico que ya hemos comentado—, servían para la expansión de su poder consiguiendo así la "revolución total que solo obedece a su propia ley, por encima de todas las necesidades vitales de su propia nación"[439]. Como consecuencia no podía haber "compromiso ni conciliación entre esta voluntad de anarquía, como condición previa deseada para una nueva creación, y el desarrollo preservador hacia formas superiores de

436. De Maistre, *Considerations on France*, 79.

437. Schleich, *Kriche, Klerus und Religion*, 219.

438. Rauschning, *Die Revolution des Nihilismus*, 474.

439. *Ibid*.

nuestro orden occidental"[440]. Y Hitler, como hemos visto, sería el mesías de esta revolución mefistofélica anticristiana. Por eso el culto religioso a su personalidad, cuidadosamente diseñado para crear la nueva realidad metafísica, una según la cual Hitler era el enviado de "Dios" para la salvación de los alemanes frente a las fuerzas de la supuesta oscuridad cristiana occidental[441]. No exageró, entonces, el filósofo alemán Rüdiger Safranski al decir, basándose en Goethe, que Hitler poseía "un poder demoníaco". Goethe, siguiendo la lógica de su descripción de Mefistófeles como el espíritu destructor, señaló en 1813 que "lo demoníaco" se presentaba en su forma más terrible cuando algún hombre era dominado por ese poder logrando seducir a las masas, llevando a un proceso que ni todas las fuerzas morales juntas pueden detener. Solo quedaba, dijo Goethe, esperar que estos embaucadores terminaran siendo derrotados por el universo en contra del que se habían alzado[442].

Según Safranski, Hitler fue en efecto la ruptura con toda fe en un fondo de orden del mundo, generando una demolición del universo moral como jamás se había visto. La personalidad de Hitler, como la de Marx, tampoco permitía ver otra cosa que malignidad. Citando recuerdos de su arquitecto Albert Speer, Safranski recordó que Hitler "no tenía esencia", que era un hombre poseído por la violencia y carente de todo impulso humano[443].

En 1936, el psiquiatra suizo Carl Jung analizó la significancia psíquica de Hitler para Alemania confirmando su personalidad mefistofélica. Para Jung, Hitler era la proyección psíquica del dios germano de la guerra y de la muerte Wotan, con todo su potencial de destrucción del orden existente. "Él es el dios de la tormenta y el frenesí, el desatador de pasiones y del ansia de batalla; además, es un mago supremo y un artista de la ilusión, versado

440. *Ibid.*
441. *Ibid.*, 60.
442. Safranski, *El mal*, 227.
443. *Ibid.*, 234.

en todos los secretos de naturaleza oculta", escribió Jung[444]. Dada su naturaleza violenta y dada al engaño, el cristianismo, luego de alcanzar a los pueblos germanos alrededor del siglo V, identificó a Wotan con el demonio. [445] No deja de ser decidor en este contexto que el mismo Hitler se hiciera llamar "lobo", identificándose directamente con Wotan, quien en la ópera *La valkiria*, de su músico predilecto Richard Wagner, toma forma humana a partir de un lobo[446].

Alemania, un pueblo dado a las "catástrofes espirituales", dijo Jung, estaba reaccionando, de la mano del espíritu de "furia" de Wotan, precisamente en contra del cristianismo que tantas tragedias le había evitado en el pasado. Según Jung, Alemania se encontraba "poseída" por la fuerza psíquica de destrucción que representaba Hitler en tanto encarnación de Wotan. De manera profética, el también discípulo de Sigmund Freud afirmó: "Lo impresionante del fenómeno alemán es que un solo hombre, que está obviamente 'poseído', ha contagiado a toda una nación hasta tal punto que todo se ha puesto en movimiento y ha comenzado a rodar en su curso hacia la perdición"[447].

En 1938, en una conversación con un corresponsal de prensa americano, Jung recordaría la impresión que le dio Hitler al verlo de cerca en una reunión con Mussolini. Jung describió al Führer como "una especie de andamio de madera cubierto de tela, un autómata con una máscara, como un robot o una máscara de un robot" que no mostraba "ningún signo humano"[448]. Con Hitler, añadió, "no sientes que estás con un hombre. Estás con un hechicero, una forma de vasija espiritual, un semidiós, o incluso mejor, un mito. Con Hitler tienes miedo. Sabes que nunca podrías hablar con ese hombre; porque no hay nadie allí"[449].

444.Jung, *Wotan*, 4.

445.*Ibid.*, 3.

446.Steinbacher, *Hitler: Geschichte eines Diktators*, 18.

447.*Jung, Wotan, p. 8.*

448."Carl Jung Studied Hitler". *Old Magazine Articles.*

449.*Ibid.*

En una entrevista dada en 1967, Otto Strasser, hermano de Gregor y, como él, uno de los líderes del NSDAP que más convivió con Hitler en los primeros años de existencia del partido, lo describió como un hombre con una ambición infinita, una fuerza de voluntad inquebrantable, con una "falta total de principios morales", un hombre que odiaba a las mujeres porque era impotente, cruel, sanguinario y con un desprecio sin límites por la vida. Un hombre que estaba enamorado de su sobrina a la que mantenía prisionera y vigilada todo el tiempo para tiranizarla de manera morbosa[450].

Otros recuentos de la personalidad de Hitler confirman las impresiones de Jung y Strasser enfatizando que este parecía como poseído por un demonio. August Kubizek, por ejemplo, recordaría en sus memorias sobre su amistad de juventud con Hitler, que este en alguna ocasión le habría hablado "como si otro ser hablara desde su cuerpo", observando cambios abruptos de personalidad que no se habían producido antes[451]. Casi todos los que lo rodeaban veían a Hitler de esta forma, como si hubiera estado poseído[452]. Herman Rasuchning llegó a observar que "Hitler se estaba abandonando a fuerzas que lo arrastraban, fuerzas de oscuridad y violencia destructiva"[453]. Mas aún, según Rauschning, Hitler "imaginaba que aún tenía libertad de elección, pero hacía tiempo que estaba en cautiverio de una magia que bien podría describirse, no solo en metáfora sino en sentido literal, como la de espíritus malignos". De ese modo, concluyó Rauschning, "en lugar de un hombre emergiendo paso a paso de la oscuridad de su juventud, y liberándose de su escoria en su curso ascendente, presenciamos el desarrollo de un hombre poseído, la presa indefensa de los poderes de la oscuridad"[454].

450. "La insólita entrevista en 1967 al 'cerebro' del nazismo: 'Hitler era sanguinario y mostraba anomalías sexuales'." *ABC Historia*, 15 de diciembre de 2020.

451. Kubizek, *The Young Hitler I Knew.*

452. Safranski, *El mal*, 235.

453. Rauschning, *Hitler Speaks*, 213.

454. *Ibid.*

Terrorismo purificador

Dado el carácter esencialmente antihumanista del nazismo y del comunismo, no es posible esperar otra moral que no sea aquella que sirve al propósito de destruir totalmente el orden prevaleciente e incluso el ser humano real. Si, como postulaban ambas ideologías siguiendo el gnosticismo hegeliano, la Historia tiene un propósito que se cumple necesariamente a través de la violencia y ese propósito implica, a su vez, extirpar de raíz el mal del mundo, entonces se sigue que lo moral es aquello que demanda la ley de la historia para que esta llegue a su inevitable desenlace. Por eso la moral cristiana o liberal burguesa que postula la existencia de derechos humanos universales no es más que un obstáculo, un estorbo frente a la marcha inevitable y grandiosa de la Historia cuyo secreto ha sido revelado a los portadores de la sabiduría divina, es decir, a los profetas de la salvación como Marx, Engels, Mussolini, Hitler y Lenin, sin los cuales el mundo se sumergirá en el apocalipsis. Surge así una especie de positivismo moral, esto es, la idea de que lo moral es todo lo que el poder político, liderado por los gnósticos revolucionarios, imponga en esta tierra para reafirmarse y moverse en la dirección del horizonte utópico. De hecho, Marx y Engels no tenían objeciones morales con ningún crimen masivo, guerra civil, matanza, baño de sangre o terrorismo precisamente por su visión de la historia como un proceso predeterminado por una ley en que la violencia engendra una sociedad más cercana al paraíso comunista. Si se oponían a alguna guerra no era por su brutalidad sino porque la consideraban a destiempo respecto del proceso histórico y, por tanto, creían que no contribuía al avance de la revolución que pusiera fin al capitalismo[455]. Siguiendo las enseñanzas de Marx y Engels, Lenin declararía: "Cuando se nos reprocha la crueldad nos sorprende la cantidad de gente que olvida el marxismo más elemental"[456]. En la misma línea, cuando Stalin fue consultado por lady Astor en 1931 hasta

455. Cohen-Almagor, "Foundations of Violence, Terror and War in the Writings of Marx, Engels, and Lenin", 12.

456. Rummel, *Lethal Politics*, 1.

cuándo iba a seguir matando gente, Stalin contestó que el proceso continuaría "todo lo necesario" hasta que se hubiera alcanzado el comunismo[457].

Como hemos dicho ya, dado que el cristianismo propone una moral trascendente, es decir, superior y anterior a cualquier voluntad e institución humana, Dios debe ser aniquilado, pues solo entonces todo crimen en nombre de la revolución estará permitido. Por eso Lenin diría que los diez mandamientos del judeocristianismo eran un fraude burgués para mantener la explotación y agregaría: "No creemos en Dios, y sabemos perfectamente bien que el clero, los terratenientes y la burguesía invocaron el nombre de Dios para promover sus propios intereses como explotadores"[458]. Más explícita fue la visión marxista de la moral en la siguiente reflexión de Lenin: "Rechazamos toda moral basada en conceptos extrahumanos y fuera de las clases sociales. Decimos que esto es un engaño, una farsa, un embotamiento de los obreros y campesinos en interés de los terratenientes y capitalistas. Decimos que nuestra moral está enteramente subordinada a los intereses de la lucha de clases del proletariado. Nuestra moral surge de los intereses de la lucha de clases del proletariado"[459]. Luego concluye que todo lo que sirva para destruir el antiguo orden es lo moral:

> Moralidad es aquello que sirve para destruir la antigua sociedad explotadora y para unir a todo el pueblo trabajador en torno al proletariado, que está construyendo una sociedad nueva, una sociedad comunista. La moral comunista es aquella que sirve a esta lucha y une al pueblo trabajador contra toda explotación, contra toda pequeña propiedad privada; pues la pequeña propiedad pone en manos de una persona lo que

457. *Ibid*.
458. Lenin, "The Tasks of the Youth Leagues", 291.
459. *Ibid*.

ha sido creado por el trabajo de toda la sociedad. En nuestro país, la tierra es propiedad común[460].

La violencia y el terror tienen, así, una justificación moral dado su rol purificador, pues sin ella no es posible derribar el viejo mundo, plagado de vicios, hombres e instituciones corrompidas por supuestas verdades morales eternas reveladas por Dios. De ahí que Marx y Engels, fieles al espíritu mefistofélico, proclamaran en el *Manifiesto comunista* que "el comunismo quiere abolir estas verdades eternas, quiere abolir la religión y la moral, en lugar de darles una forma nueva, y por eso contradice a todo el desarrollo histórico anterior"[461]. Ello requería de una revolución que destruyera las relaciones de producción burguesas de las que dependía todo lo demás, lo cual debe hacerse mediante "una revolución abierta" en la que "el proletariado, derrocando por la violencia a la burguesía, implanta su dominación"[462]. Marx y Engels no pretendieron hacer de su predilección por la violencia purificadora un misterio. En la frase final del *Manifiesto* declararon: "Los comunistas consideran indigno ocultar sus ideas y propósitos. Proclaman abiertamente que sus objetivos solo pueden ser alcanzados derrocando por la violencia todo el orden social existente. Las clases dominantes pueden temblar ante una Revolución Comunista"[463]. En el diario *Neue Rheinische Zeitung*, Marx defendería explícitamente el terror: "Solo existe un medio de abreviar, simplificar y concentrar las convulsiones mortales de la vieja sociedad y los sangrientos dolores de parto de la nueva sociedad, y ese medio es el terror revolucionario"[464]. Del mismo modo, Engels diría que "nada se realiza en la historia sin violencia y sin una implacable falta de consideración"[465]. Siguiendo esa lógica, Engels llamaba

460.*Ibid.*, 93.
461. Marx y Engels, *Manifiesto del Partido Comunista*, 59.
462.*Ibid.*, 48.
463.*Ibid.*, 78.
464.Marx, *The Victory of the Counter-Revolution in Vienna.*
465.Engels, "Der demokratische Panslawismu", MEW. Vol. 6, 279.

también a destruir la resistencia que oponían los pueblos eslavos a la revolución comunista en una guerra de exterminio, es decir, en un genocidio: "¡Lucha implacable a vida o muerte contra el eslavismo traidor a la revolución; lucha de exterminio y terrorismo despiadado... en interés de la revolución!"[466].

Según Engels, la violencia era "el proceso evolutivo de la humanidad misma", y la tarea de los intelectuales marxistas era "mostrar su coherencia interna a través de todas las aparentes casualidades"[467]. Atacando a Eugen Dühring por advertir a los socialistas de Berlín que el poder total podría llevarlos a corromperse y a corromper la nueva sociedad que querían construir, Engels insistiría en que "la violencia desempeña también otro papel en la historia, un papel revolucionario; que, en palabras de Marx, es la partera de toda vieja sociedad preñada de otra nueva; que es el instrumento con el cual el movimiento social se impone y rompe formas políticas rígidas y muertas"[468]. Y en su ensayo sobre la autoridad afirmó: "¿Acaso estos señores no han visto nunca una revolución? Una revolución es, sin duda, la cosa más autoritaria que existe; es el acto mediante el cual una parte de la población impone su voluntad a la otra parte por medio de fusiles, bayonetas y cañones, es decir, con los medios más autoritarios que puedan imaginarse; y el partido victorioso debe, si no quiere haber luchado en vano, mantener esa dominación por medio del terror que inspiran sus armas a los reaccionarios"[469].

Como buen aprendiz de Marx y Engels, Lenin justificaría el régimen del terror bolchevique señalando que el terror debía tener un uso continuo por el Estado comunista. En 1922 dijo: "Los tribunales no deben prohibir el terror —prometer eso sería engaño o autoengaño—, sino que deben formular los motivos que lo fundamentan, legalizarlo como un principio, claramente, sin

466. *Ibid.*, 286.

467. Engels, *Anti-Dühring*, 68.

468. *Ibid.*, p. 263.

469. Engels, "Von der Autorität", MEW. Vol. 18, 308.

fingimientos ni adornos"[470]. No debe sorprender, a la luz de lo anterior, que el sistema jurídico nazi y el soviético fueran similares al punto de compartir orígenes teóricos, crear cortes populares revolucionarias para aplastar a los opositores y proponer el mismo tipo de teoría legal y constitucional darwinista[471].

Lenin profundizaría su idea del terror en su obra de 1917 *El Estado y la Revolución* con reflexiones igualmente válidas para el nazismo. Según Lenin, el rol del Estado, una vez en manos de los proletarios, debía concentrarse en exterminar a la burguesía, causante de todos los males del mundo:

> El Estado es una organización especial de la fuerza, una organización de la violencia para reprimir a una clase cualquiera. ¿Qué clase es la que el proletariado tiene que reprimir? Solo es, naturalmente, la clase explotadora, es decir, la burguesía. Los trabajadores solo necesitan el Estado para aplastar la resistencia de los explotadores, y este aplastamiento solo puede dirigirlo, solo puede llevarlo a la práctica el proletariado, como la única clase consecuentemente revolucionaria, como la única clase capaz de unir a todos los trabajadores y explotados en la lucha contra la burguesía, por el completo desplazamiento de esta[472].

Solo así, añadió a renglón seguido, se acabaría con el reino del egoísmo de los capitalistas. Luego, Lenin atacó a los socialistas "pequeño burgueses" por postular una vía no violenta para alcanzar el socialismo, recordando que Marx había luchado "toda su vida" contra estos grupos que rechazaban la violencia[473]. Según Lenin, Marx era un irrestricto partidario de la violencia y la dictadura implacable:

470.Lenin, *Collected Works*, Vol. 33, 258.
471. Ver: Harley-Bellemore, Heath. "National Socialism and Marxism". 2017.
472.Lenin, *El Estado y la revolución*, 46-47.
473.*Ibid.*, 47.

> La teoría de la lucha de clases, aplicada por Marx a la cuestión del Estado y de la revolución socialista, conduce necesariamente al reconocimiento de la dominación política del proletariado, de su dictadura, es decir, de un poder no compartido con nadie y apoyado directamente en la fuerza armada de las masas. El derrocamiento de la burguesía solo puede realizarse mediante la transformación del proletariado en clase dominante, capaz de aplastar la resistencia inevitable y desesperada de la burguesía y de organizar para el nuevo régimen económico a todas las masas trabajadoras y explotadas. El proletariado necesita el poder estatal, organización centralizada de la fuerza, organización de la violencia, tanto para aplastar la resistencia de los explotadores como para dirigir a la enorme masa de la población, a los campesinos, a la pequeña burguesía, a los semiproletarios, en la obra de "poner en marcha" la economía socialista[474].

Para Lenin, la democracia era "el Estado que reconoce la subordinación de la minoría a la mayoría, es decir, una organización llamada a ejercer la violencia sistemática de una clase contra otra, de una parte de la población contra otra"[475]. En otras palabras, de lo aquí planteado se sigue que el Estado debe ser totalitario y dedicarse al exterminio de un grupo de la población supuestamente indeseable y responsable de las miserias que sufren la parte de la humanidad elegida. La semejanza con la tesis nazi respecto a los judíos no puede ser más evidente. Cabe agregar que Lenin fue más sincero que Marx y Engels al señalar que los bolcheviques no creían en que por arte de magia iba a desparecer el Estado. Lenin dijo que proponían "como meta final la destrucción del Estado, es decir, de toda violencia organizada y sistemática, de toda violencia sobre los hombres en general", pero que eso solo ocurriría porque el socialismo se convertiría "gradualmente en comunismo", llevando a que desapareciera "toda necesidad de violencia sobre

474. *Ibid.*, 48.
475. *Ibid.*, 104.

los hombres en general, toda necesidad de subordinación de unos hombres a otros, de una parte de la población a otra", ya que los hombres se iban a habituar a "observar las reglas elementales de la convivencia social sin violencia y sin subordinación"[476]. En otras palabras, si ese horizonte utópico —e imposible— de comportamiento humano no llegaba, el terror debía continuar de manera indefinida.

Esta pasión por el terror explica por qué Lenin, polemizando con otros teóricos comunistas, llegara a afirmar en 1904 que "un jacobino que se identifica totalmente con la organización del proletariado, un proletariado consciente de sus intereses de clase, es un socialdemócrata revolucionario"[477]. No sorprende que el historiador francés François Furet señalara que "los bolcheviques tienen antepasados jacobinos, y los jacobinos anticipaciones de tipo comunista"[478].

Vale la pena detenerse en este último punto, pues la idea propia del marxismo y del nacionalsocialismo según la cual debe hacerse una *tabula rasa* con todo lo existente para liberar a la humanidad del mal y comenzar con una hoja en blanco, ya la había anticipado Maximiliano Robespierre en la Revolución francesa, proceso que abrió las puertas al primer genocidio de la modernidad[479]. En su discurso de febrero de 1794, justificando el terror, el líder jacobino utilizaría directamente el concepto "purificar las costumbres" para explicar la esencia del proyecto de destrucción que se proponían los revolucionarios para conseguir la igualdad:

> Dado que el alma de la República es la virtud, la igualdad [...] es evidente que la primera norma de vuestra conducta política debe ser dirigir todas las obras al mantenimiento de la igualdad y al desarrollo de la virtud [...]. Así pues, todo aquello que tienda a aumentar el amor a la patria, a purificar

476. *Ibid*.

477. Lenin, *Un paso adelante dos pasos atrás*, 411.

478. Furet, *Pensar la Revolución francesa*, 16.

479. Ver: Secher, *A French Genocide*.

> las costumbres, a elevar los espíritus, a dirigir las pasiones del corazón humano hacia el interés público, deben ser adoptadas e instauradas. Mientras que todas las cosas que tiendan a concentrar las pasiones en la abyección del yo personal, a resucitar el interés por las pequeñas causas y el desprecio por las grandes deben ser rechazadas o reprimidas[480].

Robespierre continuaría insistiendo que "los resortes del gobierno popular en la revolución son a la vez la virtud y el terror: la virtud, sin la cual el terror es funesto; el terror, sin el cual la virtud es impotente"[481]. Según Robespierre, "el terror no es otra cosa que la justicia pronta, severa, inflexible; es, por lo tanto, una emanación de la virtud; no es tanto un principio especial como una consecuencia del principio general de la democracia aplicada a las necesidades más urgentes de nuestra patria"[482]. En otras palabras, la violencia masiva, sistemática, permanente y automática, se convierte en un fin en sí mismo, pues de lo contrario es imposible mantener la pureza moral de la nueva República. Robespierre diría que "la gran pureza de los fundamentos de la Revolución francesa, la sublime condición de su objeto" era precisamente lo que constituía su fuerza y su debilidad, pues, por un lado, le daba "la superioridad de la verdad sobre la impostura, y de los derechos del interés público sobre los del interés particular", pero, de otro, unía en su contra "a todos los hombres viciosos, a todos los que pretenden despojar al pueblo y a todos los que hubieran querido despojarlo impunemente". Por ello, advirtió que la revolución iba a estar siempre amenazada y el terror sería necesario hasta que esa amenaza desapareciera, es decir, para siempre[483].

Como hemos visto, Herman Rauschning advertiría el jacobinismo que los nacionalsocialistas compartían con los marxistas- leninistas. No solo lo vio encarnado en Goebbels, sino que

480.Robespierre, *Sobre los principios de moral política*.

481. *Ibid*.

482.*Ibid*.

483.*Ibid*.

advirtió que toda la revolución nazi se fundaba en el terror para demoler el orden antiguo, un terror que, como postulaba la ideología de Robespierre, jamás cesaría. Según Rauschning, lo que debía entenderse por revolución en Alemania no era "liberación, orden justo y elevación espiritual, sino falta de libertad, dominio de la violencia y sometimiento espiritual"[484]. En consecuencia no existía, añadió, esperanza de que alguna vez se superara el terror sistemático aplicado por el régimen[485]. Más aún, para Rauschning, el revolucionario nazi había imitado al comunista soviético al punto de que el nacionalsocialismo había logrado "en un tiempo sorprendentemente corto producir un tipo revolucionario que, hasta en el más mínimo detalle, corresponde al tipo de los implacables grupos proletarios moscovitas de la sangrienta Revolución rusa"[486]. En efecto, pues sería Hitler, como Lenin, Marx, Engels y Robespierre antes que él, el primer nazi en abogar por el terror purificador, argumentando a favor de que se filtrara al público la información de lo que estaba ocurriendo en los campos de concentración. "El terror es el instrumento político más eficiente", dijo, agregando que debía aplicarlo de manera sistemática para preparar a los alemanes para la guerra que venía[487]. Más importante aún era aterrorizar a los opositores al régimen, es decir, de la revolución[488]. "Las así llamadas 'atrocidades' —señaló Hitler— me ahorran cientos de miles de acciones individuales contra desobediencia y descontento [...]. Las personas lo pensarán dos veces antes de oponérsenos cuando oigan lo que les espera en los campos de concentración"[489]. Para Hitler, "la brutalidad" era "respetada", porque la gente necesitaba algo a lo que temer para ser sumisos[490]. La revolución nacionalsocialista agregó, se basaba en una doctrina de la "redención" fundada en la ciencia y jamás

484.Rauschning, *Die revolution des Nihilismus*, 203.

485.*Ibid.*

486.*Ibid.*, 122.

487. Rauschning, *Hitler's Speaks*, 90.

488.*Ibid.*

489.*Ibid.*

490.*Ibid.*, 89.

terminaba. Así, el nazismo y su terror habrían de gobernar al mundo para siempre[491].

No es sorprendente a la luz de lo anterior que el filólogo y escritor judío alemán Victor Klemperer, uno de los intelectuales más destacados de Alemania en el siglo XX, haya descrito la revolución nazi como una que pretendía destruir el antiguo orden y que la calificara como "jacobinismo alemán"[492]. En 1934, Klemperer predijo que, dado que los nazis eran como los jacobinos, no durarían mucho más tiempo de lo que estos duraron en la Revolución francesa e incluso pensó escribir un libro comparando los cambios del lenguaje bajo el nazismo y el fascismo con los que habían ocurrido bajo los jacobinos[493]. Más aún, Klemperer argumentó que, conscientemente o no, el modelo aplicado por Hitler había sido el propuesto por Rousseau, quien, como vimos en un capítulo anterior, fue una de las principales influencias filosóficas sobre Robespierre y los jacobinos[494]. Para Klemperer, era también claro que el comunismo y el nazismo eran ideologías esencialmente idénticas: "He subrayado una y otra vez que, al final, equiparo el nacionalsocialismo y el comunismo: ambos son materialistas y tiránicos, ambos ignoran y niegan la libertad del espíritu y del individuo", escribió en diciembre de 1933[495]. Klemperer añadiría que el nazismo era nada más que una forma hipócrita de comunismo[496].

Racismo marxista

Resulta relevante reparar en un aspecto fundamental del antihumanismo o luciferismo que comparten nazis y comunistas, a saber, el hecho de que la aplicación del terror con fines purificadores, si bien recaía particularmente en la raza en el caso nazi y

491. *Ibid.*, 186.
492. Birken, "Prussianism, Nazism, and Romanticism", 38.
493. *Ibid.*
494. Williams, *Rousseau and Revolution*.
495. Klemperer, *I Will Bear Witness*, 45.
496. *Ibid.*, 229.

la clase en el comunista, en la doctrina y práctica de este último también se consideraron inferiores a ciertos grupos étnicos a los que se proponía exterminar o limpiar. La evidencia del racismo marxista se encuentra fundamentalmente en la correspondencia de Marx y Engels, que salió a la luz a pesar de que hubo grandes esfuerzos por parte de los custodios originales, August Bebel y Eduard Bernstein, por ocultarla e incluso purgar los contenidos racistas de sus escritos[497].

El economista Nathaniel Weyl —que pertenecería al Partido Comunista americano hasta que renunció en 1939 tras el pacto entre Hitler y Stalin, para luego abandonar totalmente el marxismo— haría una profunda investigación sobre la ideología racista de Marx y Engels. Esta sería publicada en su obra *Karl Marx, Racist* de 1979. Weyl, que eventualmente trabajaría en un cargo de importancia en el banco central americano —Reserva Federal—, explicó que la obra de Marx no podía tomarse en serio desde el punto de vista intelectual y que su doctrina era incompatible tanto con el humanismo como con la actitud científica[498]. Según Weyl, Marx habría creado las bases teóricas del totalitarismo de lucha de clases y también de lucha racial[499]. Uno de los primeros pasos de Marx fue romper con el humanitarismo de teóricos como Moses Hess, fundado en el cristianismo y que promovía la compasión y el sentido de justicia, para reemplazarlos por su teoría histórica de la lucha de clases. El objetivo de Marx, señaló Weyl confirmando el análisis que ya hemos hecho, fue crear una moralidad completamente opuesta a la del cristianismo[500]. Parte de esa pretensión por destruir la ética cristiana de Marx y Engels pasaba por promover un racismo desenfrenado que negaba la igualdad de derechos entre razas, anticipando así a los nazis. En esa lógica, el racismo de Marx y Engels no solo se caracterizó por considerar que había razas inferiores, sino por el odio y

497. Weyl, *Karl Marx, Racist*, 83.
498. *Ibid.*, 14.
499. *Ibid.*, 15.
500. *Ibid.*, 17.

desprecio hacia esas otras razas. Esto se reflejó sistemáticamente en sus descalificaciones racistas a oponentes y en tesis como la de Engels, según quien la palabra *nigger* e "idiota" eran sinónimos[501]. De igual modo, ante la noticia de que Paul Lafargue, yerno medio cubano de Marx sería candidato por un distrito responsable de un zoológico, Engels comentó que "siendo, en su calidad de negro, un grado más cercano al resto del reino animal que el resto de nosotros, sin duda es el representante más adecuado de ese distrito"[502]. Pero además de ese tipo de descalificaciones de las que se encuentran un gran número en los escritos de Marx y Engels, estos también pensaban que se justificaba ocupar los territorios de pueblos inferiores para someterlos por las razas germanas superiores del centro y occidente de Europa. Engels, como hemos dicho, apoyaba una guerra de exterminio contra los pueblos eslavos, mientras Marx aprobaba la opinión del jurista inglés sir Henry Maine de que la raza aria era superior a las demás, señalando además que las razas rusa, polaca y eslava eran miserable gentuza lumpen[503]. Dado que las demás razas vivían bajo un "despotismo asiático", es decir, fuera de la Historia, estas eran vistas como un estorbo para la revolución, la que, una vez consumada en las potencias avanzadas blancas, debía gobernar a las otras mediante la dictadura del proletariado de las potencias blancas occidentales. Weyl concluyó:

> El odio racial y la opresión racial, la justificación de la conquista extranjera y del colonialismo blanco, la negación del derecho de los pueblos no blancos a la independencia nacional, el terror implacable contra naciones, pueblos y razas que Marx y Engels despreciaban, una política de guerra y conquista destinada a asegurar que otros de esos pueblos "desaparezcan de la faz de la tierra": estas ideas constituyen una

501. *Ibid.*, 22.
502. *Ibid.*
503. *Ibid.*, 112.

parte generalmente suprimida del enorme legado literario que Marx y Engels dejaron tras de sí[504].

En su antihumanismo racista, contra Proudhon que abogaba por la emancipación de los esclavos negros Marx sostuvo que la esclavitud era positiva, pues permitía la existencia de la civilización moderna y el avance hacia el socialismo. En *Miseria de la filosofía*, Marx escribió:

> Lo único que hay que explicar es el lado bueno de la esclavitud. No me refiero a la esclavitud indirecta, a la esclavitud del proletariado, sino a la esclavitud directa, a la esclavitud de los negros en Surinam, en Brasil, en las regiones meridionales de América del Norte [...]. La esclavitud es una categoría económica de gran importancia. Sin la esclavitud, América del Norte, el pueblo más progresista, se transformaría en un país patriarcal. Pero eliminad a América del Norte del mapa de los pueblos y sobrevendrá la anarquía, la decadencia completa del comercio y de la civilización moderna. Pero hacer desaparecer la esclavitud sería tanto como eliminar a América del mapa de los pueblos[505].

Los derechos humanos de los esclavos eran totalmente irrelevantes para Marx, dado su rol como instrumentos de la ley de desarrollo histórico y el hecho de que el concepto mismo de derechos humanos no era más que una creación burguesa. Obviamente este determinismo es incoherente con la preocupación que el mismo Marx tenía por apresurar la revolución, pues si la historia ya estaba escrita, como decía Marx, nada podía hacer por cambiarla o acelerarla. Por supuesto, la idea de Marx de que el capitalismo y la sociedad moderna que este había creado dependían de la esclavitud era equivocada, pues el sistema de propiedad privada y libertad económica precisamente fue el que puso fin a la necesidad de tener esclavos, los que por lo demás existieron

504.*Ibid.*, 23.

505.Marx, *Miseria de la filosofía*, 78-79.

casi toda la historia humana sin que haya surgido el capitalismo. Igualmente errada era su idea de que sin la esclavitud Estados Unidos desparecería como nación moderna e industrial. De hecho, la guerra civil norteamericana (1861-1865) que tuvo lugar en la época de Marx y en que luchó el norte capitalista a favor de liberar a los esclavos, contra el sur agrícola partidario de mantenerlos, eliminó esta institución inhumana y poco después se produjo el proceso de crecimiento económico más formidable de la historia americana hasta entonces. En esa guerra, Marx y Engels apoyaron al norte solo bajo la lógica dialéctica de que el fin de la esclavitud sería causada por las fuerzas de la historia llevando al perfeccionamiento del capitalismo y así a un nuevo paso hacia el socialismo[506].

En lo que respecta a los judíos, a pesar de haber sido él mismo de ese origen, aunque bautizado luterano igual que su padre converso, Marx los despreciaba profundamente. Isaiah Berlin, en su biografía de Marx afirmó: “El hecho de que [Marx] fuera judío ni él ni Engels lo mencionan nunca. Sus referencias a judíos individuales, en particular en sus cartas a Engels, son de una virulencia extraordinaria: su origen se había convertido en un estigma personal que no podía evitar señalar en otros”[507]. Como con los negros, a los judíos con los que se relacionaba los descalificaba sistemáticamente por su raza. Así, por ejemplo, a Ferdinand Lassalle, que le ayudó a difundir su obra, lo trataba de ser “repulsivo, una bestia descarada, un simio engreído y un judío polaco de agua”[508]. Pero sería en su ensayo *Sobre la cuestión judía* donde Marx mostraría su ideología antisemita de manera virulenta:

> No busquemos el misterio del judío en su religión sino el misterio de la religión en el judío real. ¿Cuál es el fundamento secular del judaísmo? La necesidad práctica, el interés egoísta. ¿Cuál es el culto secular del judío? La usura. ¿Cuál su dios

506. Weyl, *Karl Marx, Racist*, 77.
507. Berlin, *Karl Marx*, 253.
508. Weyl, *Karl Marx, Racist*, 83.

> secular? El dinero. Así pues, la emancipación de la usura y del dinero, es decir, del judaísmo práctico, real, sería la autoemancipación de nuestro tiempo. Una organización de la sociedad que acabase con las premisas de la usura y, por tanto, con la posibilidad de la usura, haría imposible al judío. Su conciencia religiosa se disolvería como un vapor turbio en la atmósfera real de la sociedad[509].

Hitler no podría haber estado más de acuerdo con esas reflexiones de Marx, especialmente con la idea de que la sociedad comunista haría imposible la existencia del judío con su obsesión por el dinero. Más aún con la idea de que "el judaísmo es un elemento antisocial"[510]. Antes que Hitler, Marx diría que los judíos habían infectado a los cristianos judaizándolos: "El judío se ha emancipado a la manera judaica, no solo al apropiarse del poder del dinero sino por cuanto a través de él y sin él el dinero se ha convertido en una potencia universal y el espíritu práctico judío en el espíritu práctico de los pueblos cristianos"[511]. Para Marx, como para Hitler y los nazis, los judíos con su materialismo y egoísmo eran responsables de la corrupción del mundo:

> El dinero es el celoso Dios de Israel ante el cual no puede prevalecer ningún otro Dios. El dinero envilece a todos los dioses del hombre y los convierte en una mercancía. El dinero es el valor general de todas las cosas, constituido en sí mismo. Él ha despojado, por ello, al mundo entero de su valor peculiar, tanto al mundo de los hombres como a la naturaleza. El dinero es la esencia enajenada del trabajo y de la existencia del hombre, y esta esencia extraña lo domina y es adorada por él. El Dios de los judíos se ha secularizado, se ha convertido en el Dios del mundo. El cambio es el Dios real del judío. Su Dios es solamente el cambio ilusorio. La concepción que se tiene

509.Marx, *Sobre la cuestión judía*, 39.

510. *Ibid.*, 40.

511. *Ibid.*

de la naturaleza bajo el imperio de la propiedad y el dinero es el desprecio real, la degradación práctica de la naturaleza, que en la religión judía existe[512].

Tal como notara Robert Payne, el antisemitismo de Marx era virulento al punto de que el lector atento de *Sobre la cuestión judía* "tiene la sensación de ser agarrado por la garganta y estrangulado por un adversario que está decidido a matarlo a menos que se rinda a la tesis. Marx no está argumentando; está amenazando e intimidando"[513]. Y en efecto, pues todas estas ideas en que se acusa al judío de usurero, de adorar el dinero, promover el egoísmo y corromper el mundo se encuentran en el *Mi lucha* de Hitler. Hitler, de hecho, acusó a los judíos de abusar de los arios "por prestar dinero, como siempre, con intereses usurarios", añadiendo que "fue el judío quien introdujo el interés"[514]. Hitler añadiría que no "impulsa al judío otro sentimiento que el del puro egoísmo individual"[515]. Y también, como Marx, condenaría al "dios Dinero" de los judíos, que pasaría a ser adorado por los alemanes: "Los dioses celestiales pasaron de moda, se convirtieron en cosas del pasado, y en su lugar se empezó a rendir culto al dios Dinero", todo lo cual, según Hitler, había causado una profunda degeneración en Alemania[516]. Contra ese egoísmo y el dios Dinero de los judíos, era que se rebelaba precisamente Hitler y el nacionalsocialismo buscando un "idealismo" que sacrificara al individuo en nombre de la colectividad. Por eso, el Estado debía "presentarse como el garante de un futuro milenario, frente al cual nada signifiquen el deseo y el egoísmo individual"[517]. Así, tanto Marx como Hitler —y Engels— compartieron la misma visión del judío como un ser esencialmente egoísta y corruptor de la sociedad al que

512. *Ibid.*, 42-43.
513. Payne, *Marx,* 94.
514. Hitler, *Mi lucha*, 425.
515. *Ibid.*, 191.
516. *Ibid.*, 150.
517. *Ibid.*, 251.

nada le importaba más allá del dinero y su propio interés y quien, por lo mismo, no podría existir en la sociedad comunista ni en la nacionalsocialista, pues en estas el interés colectivo sería superior al del individuo.

Fabricantes de almas

Si existe un área en que el luciferismo o antihumanismo nazi y marxista se expresaron en su forma más cruda, fue en la pretensión de crear un "hombre nuevo", es decir, en destruir por completo al hombre como tal para recrearlo a imagen y semejanza de los ideólogos marxistas y nacionalsocialistas. En su célebre historia sobre la Revolución rusa, Orlando Figes cuenta que (al parecer) en 1919 Lenin se habría juntado con el fisiólogo Iván Pávlov, conocido por haber formulado el condicionamiento clásico, para preguntarle si era posible rediseñar por completo la naturaleza humana. La conversación se habría desarrollado de la siguiente manera: "Quiero que las masas de Rusia sigan un patrón comunista de pensamiento y de reacción", explicó Lenin. "Había demasiado individualismo en la Rusia del pasado. El comunismo no tolera las tendencias individualistas. Son dañinas. Interfieren con nuestros planes. Debemos abolir el individualismo". Pávlov miró impactado, pues percibió que Lenin quería hacer con los rusos lo que él había hecho con los perros. "Quiere decir que le gustaría estandarizar a la población de Rusia?, ¿hacer que todos se comporten de la misma manera?", preguntó. "Exactamente", respondió Lenin, "el hombre puede ser corregido. El hombre puede ser hecho como nosotros queramos que sea"[518].

Como explicó Figes, el propósito final del comunismo bolchevique era precisamente la creación de un hombre nuevo, libre de egoísmo y de todos los males que se atribuían a las sociedades capitalistas. Esta pretensión formaba parte de la idea de destrucción total del orden antiguo por medio de la violencia para así dar lugar al mundo utópico comunista donde no habría clases ni tensiones entre los distintos miembros de la sociedad. Como

518. Orlando Figes, *A People's Tragedy*, 733.

hemos visto, los marxistas pensaban que la naturaleza humana no era algo fijo, sino una cuestión moldeable por las instituciones y relaciones de producción históricas, es decir, la violencia revolucionaria sería la partera, no solo del nuevo orden, sino, al mismo tiempo, del nuevo hombre. Y si bien muchos pensadores de la Ilustración propusieron la idea de que el hombre era una hoja en blanco que podía reescribirse, fueron Marx, Engels y Lenin quienes vieron en el terror sistemático el camino para conseguir la "reingeniería" del alma humana[519]. Así, la doctrina de Marx y Engels sirvió de base para la aplicación, bajo la dictadura de Lenin, de programas de rediseño humano. Para los marxistas, la transformación de las estructuras de producción necesitaría de un nuevo hombre que estuviera a la altura de la sociedad comunista. En sus *Principios del comunismo* de 1847, Engels escribiría que "el control comunal sobre la producción por parte de la sociedad en su conjunto, y el desarrollo resultante, requerirán un material humano completamente diferente"[520].

Esta creencia en la posibilidad de diseñar un nuevo hombre la plantearía León Trotsky en *Literatura y revolución* en los siguientes términos:

> El problema de cómo educar y regular, de cómo mejorar y "terminar" la naturaleza física y espiritual del hombre, es un problema colosal, cuyo trabajo serio solo es concebible bajo condiciones de socialismo. Podremos conducir un ferrocarril a través de todo el Sahara, construir la Torre Eiffel, y hablar con Nueva York por radio, pero ¿no podremos realmente mejorar al hombre? Sí; ¡podremos hacerlo! Crear una nueva "edición mejorada" del hombre, esa es la tarea adicional del comunismo. Pero para ello es necesario, como punto de partida, conocer al hombre desde todos los ángulos, conocer su anatomía, su fisiología y esa parte de su fisiología que se llama psicología[521].

519. *Ibid.*

520.Engels, *Principles of Communism.*

521. Trotsky, *Literatura y revolución*, 180.

La misma visión tendría el fascismo italiano, que postulaba la creación de un hombre nuevo carente de autonomía y totalmente subsumido en la colectividad. En palabras del historiador Emilio Gentile, el fascismo pretendía "formar una colectividad de ciudadanos que participaran en la vida del Estado fascista no como individuos autónomos, sino como milicianos disciplinados y obedientes, dispuestos a sacrificar su vida en aras del poderío del Estado"[522]. Así, tal como propondrían los marxistas, para los fascistas "el hombre nuevo no era un individuo devenido consciente de sí mismo y amo de su propio destino, sino el 'ciudadano-soldado' que se vaciaba de individualidad para dejarse absorber por completo en la comunidad totalitaria"[523]. Según explicó Gentile, el fascismo de Mussolini intentó aplicar lo anterior por intermedio de "un triple proceso de organización, educación e integración del individuo y de las masas". De este modo, todas las organizaciones populares del fascismo italiano debían trabajar en la "socialización fascista"[524].

En el mismo sentido, Lenin diría que era esencial educar a la masa para que pudiera estar a la altura de la revolución comunista y el nuevo orden: "Nuestras escuelas deben proporcionar a la juventud los fundamentos del conocimiento, la capacidad de desarrollar de manera independiente concepciones comunistas; deben formar a la juventud como personas educadas"[525]. En esta idea insistiría muchas veces: "Las masas trabajadoras, las masas de campesinos y obreros, deben desterrar los viejos hábitos intelectualistas y reeducarse para la labor de construir el comunismo. De lo contrario, la obra de construcción no puede emprenderse"[526]. En 1919 Lenin explicaría nuevamente la importancia del adoctrinamiento: "Hemos educado al partido del proletariado con la ayuda del programa marxista, y las decenas de

522.Gentile, *La vía italiana al totalitarismo*, 189.

523.*Ibid.*

524.*Ibid.*

525.Lenin, "The Tasks of the Youth Leagues", 295.

526.*Ibid.*, 367.

millones de trabajadores de nuestro país deben ser educados del mismo modo"[527].

En un sentido similar al de Lenin, Trotsky y Engels, Hitler dice en 1937 que "la nueva era que ha amanecido trabaja en la creación de un nuevo tipo de hombre", y añade: "En innumerables ámbitos de la vida se realizan enormes esfuerzos para elevar al pueblo, para hacer a nuestros hombres, jóvenes y muchachos, a nuestras muchachas y mujeres, más sanos y, por tanto, más fuertes y más bellos"[528]. Como para Lenin y Mussolini, para Hitler el adoctrinamiento sería decisivo. Según el Führer, el movimiento nazi tenía que "educar a sus adeptos de tal manera que divisen la batalla no como algo casualmente generado, sino como algo pretendido en sí mismo"[529]. El nacionalsocialismo, explicaría, debía "reclamar para sí el derecho de imponer a la totalidad de la Nación alemana sus principios [...] y educar a la Nación en sus ideas"[530]. Además, el "Estado racista" debía procurar trabajo de entrenamiento corporal y políticas de eugenesia para garantizar la salud y superioridad de la raza, y dar "dentro de su labor educativa, una máxima significación a la formación del carácter", pues solo así los "numerosos defectos morales" —como el egoísmo— podían ser "extirpados completamente" o por lo menos "atenuados en gran parte gracias a las ventajas de un sistema de educación bien orientado"[531]. Dando cuenta de su visión utópica colectivista del hombre, en la línea de Trotsky, Hitler dice: "Solo existe un derecho humano sagrado siendo ese derecho al mismo tiempo el más sagrado deber, esto es: velar por la pureza racial para, mediante la conservación de la mejor parte de la Humanidad, hacer posible un perfeccionamiento mayor de la especie humana"[532].

527. Lenin, *Speech Closing the Debate on the Party Programme.*
528. Hitler, "Speech at the Opening of the House of German Art in Munich, July 18, 1937".
529. Hitler, *Mi lucha*, 220.
530. *Ibid.*, 359.
531. *Ibid.*, 259.
532. *Ibid.*, 250.

Alfred Rosenberg, por su parte, aclararía que el propósito de la revolución nazi era literalmente la creación de un hombre nuevo: "Quien desee avanzar, debe, por lo tanto, también quemar los puentes tras de sí. Quien emprende un gran viaje, debe dejar atrás los viejos enseres del hogar. Quien aspira a lo más alto, debe dar la espalda a lo que es inferior. Y a todas las dudas y preguntas, el hombre nuevo del venidero Gran Reich Alemán solo conoce una respuesta: ¡Yo triunfaré solo!"[533]. En el mismo tenor Goebbels exclamó: "Para esto nos ha elegido el destino. Estamos destinados a cosas mayores que el mero poder. Hemos de traer el nuevo Estado y con él al hombre nuevo. Eso no es solo una frase, es una verdad clara y sobria. Este hombre nuevo ya está levantando su cabeza todavía cansada y adormecida y pronuncia palabras llenas de vastedad histórico-mundial"[534]. Y añadiría: "Exigimos del hombre alemán actual esta revolución interior, esta reconstrucción, este vuelco en el propio hombre, este moldear del viejo al joven ser del nuevo Reich"[535].

Todas estas ideas sobre la creación de un hombre nuevo y la destrucción del orden antiguo, desde luego, sirvieron de base para los genocidas tanto comunistas como nazis. El disidente soviético Sergei Khodorovich, que sería condenado a presión y torturado, resumió la experiencia comunista en su país en términos casi idénticos a los que postularían los nazis con su idea del hombre nuevo solidario, libre de egoísmo y entregado a la colectividad:

> Se decidió crear un hombre nuevo. Este hombre debía estar libre de afiliaciones étnicas, no ver sentido alguno en la propiedad privada, estar siempre dispuesto a sacrificarse por el bien de la sociedad, no albergar dudas de que procedía de un simio o algo por el estilo (ciertamente de una bestia) y de que nada quedaría de él después de su muerte. En otras palabras,

533. Rosenberg, *The Myth of the 20th Century*, 548.
534. Goebbels, *Lenin or Hitler*.
535. *Ibid.*

debía ser cien por ciento materialista y ateo, y debía saber que el sentido de la vida reside en la utilidad de la persona para la sociedad y que la meta suprema es una vida mejor, próspera y feliz para las generaciones futuras. Al reconocer esto, sería necesariamente feliz. Era obvio para los iniciadores de la nueva sociedad y los creadores del hombre nuevo que varias clases sociales existentes retrasarían la implementación de esta tarea. Por ello se decidió destruir a millones de estas personas "como clase", es decir, matarlas. "Destruir como clase" no es solo una frase cínica e imprudente; de hecho, es una guía para la acción práctica. Esto se hizo en Rusia, y de esta manera comenzó la construcción de la nueva sociedad en cada país tan pronto como los comunistas tomaron el poder[536].

Apocalipsis: del gulag a Auschwitz

En su estudio sobre la guerra civil europea entre fascistas y comunistas, Ernst Nolte observó que "Hitler no fue el primero en ser definido como enemigo de la humanidad, encamación del mal y destructor de la civilización", pues "todos estos calificativos fueron aplicados al bolchevismo por observadores serios, cuando casi nadie sabía de la existencia de Hitler"[537]. Nolte añadió que Hitler tampoco fue "el primero en declarar en público, desde una posición de poder, que él y su partido no podían compartir el planeta con un grupo de personas que sumaba millones, por lo cual había que exterminarlo", pues los comunistas lo habían hecho antes que él[538]. En otras palabras, no es pura casualidad, como han pretendido hacer creer legiones de intelectuales, que el aparato criminal creado por ambas ideologías haya sido casi idéntico y que ambas hayan dado lugar a regímenes genocidas. Es más bien el resultado

536.Khodorovich, "1917-1987: Unsuccessful and Tragic Attempt".

537. Ernst Nolte, *La guerra civil europea, 1917-1945: nacionalsocialismo y bolchevismo,* 55.

538.*Ibid.*

inevitable de su esencia totalitaria. Siguiendo a Emilio Gentile, el totalitarismo se puede definir de la siguiente manera:

> Un experimento de dominación política, puesto en práctica por un movimiento revolucionario, organizado en un partido rígidamente disciplinado, con una concepción integralista de la política, que aspira al monopolio del poder y que, después de conquistarlo, por vías legales o extralegales, destruye y transforma el régimen preexistente y construye un Estado nuevo, fundado sobre el régimen de partido único, con el objetivo principal de efectuar la conquista de la sociedad, esto es, subordinar, integrar y homogeneizar a sus gobernados, conforme al principio de politicidad integral de la existencia, tanto individual como colectiva, interpretada según las categorías, los mitos y los valores de una ideología sacralizada en la forma de una religión política, con el propósito de modelar al individuo y a las masas merced a una revolución antropológica para regenerar al ser humano y crear un hombre nuevo, consagrado en cuerpo y alma a realizar los proyectos revolucionarios e imperialistas del partido revolucionario, en procura de crear una nueva civilización de carácter supranacional[539].

Como sugirió Courtois, el inventor del totalitarismo sería Vladimir Lenin, quien sirvió de modelo tanto para Mussolini como para Hitler[540]. En palabras de François Furet, Hitler era "el hermano tardío de Lenin" y su nacionalsocialismo era apenas un "bolchevismo pardo" que, emulando al marxismo-leninismo, pretendía combatir a la vez el liberalismo y el marxismo[541]. Dadas sus semejanzas, Lenin y Hitler, sostuvo Furet, fundaron regímenes desconocidos hasta entonces por medio de los cuales la acción política de los hombres adquirió "un carácter providencial, con

539. Gentile, *La vía italiana al totalitarismo*, 22.

540. Courtois, Stéphane. "Lenin fue el inventor del totalitarismo, Stalin solo fue su alumno aplicado". *El Mundo*, 21 de febrero de 2021.

541. Furet, *El pasado de una ilusión*, 324.

exclusión de toda divinidad"[542]. Para ese sentido mesiánico anticristiano, sería fundamental el aparato represivo. Nuevamente aquí Lenin sería el pionero creando toda una estructura de exterminio y persecución basada en tres pilares, a saber, campos de concentración, el Ejército Rojo y la policía secreta comunista llamada Comisión Extraordinaria para la Lucha contra la Contrarrevolución y Sabotaje de Toda Rusia, más conocida como Cheka. El objetivo de esta última, equivalente a la posterior Gestapo nazi, fue aniquilar a supuestos disidentes de la revolución. La Cheka fue responsable de iniciar el llamado Terror Rojo en 1918, que se extendería hasta 1922. En las oficinas de tortura de la Cheka, que llegaría a tener más de doscientos mil agentes encargados de perseguir y masacrar a la población, se encontraban escritas las palabras "muerte a la burguesía"[543]. Tal como habían propuesto Marx y Engels, documentos oficiales bolcheviques afirmaban que su propósito era "la aniquilación de los idealistas y líderes enemigos del proletariado", mientras Martin Latsis, uno de los líderes del Terror Rojo afirmaba: "No estamos haciendo la guerra a individuos. Estamos aniquilando a la burguesía como clase"[544]. Luego añadía, aplicando la misma lógica que los nazis aplicarían con los judíos: "No busques en el expediente pruebas de si el acusado se levantó contra los sóviets con armas o con palabras. Pregúntale, en cambio, a qué clase pertenece, cuál es su origen, su educación y su profesión. Estas son las preguntas que determinarán el destino del acusado. Este es el sentido y la esencia del Terror Rojo"[545]. Dado lo evidente del programa de exterminio leninista, un revolucionario socialista escribiría a Lenin que debían denominar a la Comisión de Justicia simplemente "comisaría para el exterminio social", ante lo cual Lenin contestó: "Muy bien. Así es exactamente como debería ser, solo que no podemos decirlo"[546].

542.*Ibid.*, 14.
543.Figes, *A People's Tragedy*, 525.
544.Melgunof, "The Record of the Red Terror", 198.
545.Figes, *A People's Tragedy*, 534-535.
546.Pellicani, *Lenin y Hitler*, 55.

Aunque se ha intentado justificar el terror argumentando que fue inevitable producto de la guerra civil que se desató en Rusia luego de la revolución, lo cierto es que Lenin daría personalmente la instrucción para iniciar el régimen del terror en diciembre de 1917, cuando no había ataques a los representantes del poder soviético y antes de que se desatara la guerra civil[547]. Por su misión de higiene social, la Cheka fue diseñada para actuar totalmente al margen del sistema legal procediendo a torturas y ejecuciones masivas sin juicio, basadas en las "experiencias revolucionarias" y no en la institucionalidad burguesa de las cortes[548]. En palabras de Aleksandr Solzhenitsyn, "la Cheka fue un órgano represivo único en la historia humana, un órgano que concentraba en una sola mano la vigilancia, el arresto, la instrucción del sumario, la fiscalía, el tribunal y la ejecución de la sentencia"[549].

Entre sus filas se atrajo a los peores criminales y más sádicos elementos para llevar a cabo la purga en nombre de la revolución, conduciendo, según el historiador Sergei Melgunof, a un baño de sangre de características "jacobinas"[550]. Melgunof explicó que el Terror Rojo no era solo físico, sino que buscaba quebrar el alma de las personas: "El objetivo de la Cheka no era solo destruir al enemigo, sino también intimidarlo [...]. Apuntando a afectar el alma, se levantó todo un sistema de terrorización, que llegaba hasta los arrestos masivos de cientos y miles de personas, juicios nocturnos, terribles condiciones de vida en prisión [...], fusilamientos fingidos y fusilamientos 'para cualquier caso'"[551]. En solo semanas, la Cheka ejecutó a dos o tres veces más personas que las 6321 sentencias de muertes dictadas por el régimen zarista durante casi cien años antes de la revolución de 1917, incluyendo todos los juicios de tribunales militares[552]. En el período de mayo

547. Melgunof, "The Record of the Red Terror", 198.

548. *Ibid.*, 200.

549. Solzhenitsyn, *Archipiélago Gulag*, 21.

550. Melgunof, "The Record of the Red Terror", 198.

551. *Ibid.*, 202.

552. Courtois *et al.*, *El libro negro del comunismo*, 135.

de 1919 a septiembre de 1921, la cantidad de personas internadas en campos de concentración pasó de dieciséis mil a setenta mil, entre ellos muchos condenados por los delitos de prostitución, "parasitismo", proxenetismo, deserción y prisioneros de la guerra civil[553]. Solo en 1919, quinientos mil desertores, casi todos campesinos que se negaban a entregar su producción o a ser reclutados para el Ejército Rojo, fueron detenidos por la Cheka. En 1920 la cifra subió a entre setecientos y ochocientos mil[554]. La Cheka también tomaba rehenes a las familias de los desertores para obligarlos a entregarse y daba órdenes de lanzar gases químicos en los bosques en los que se ocultaban personas que escapaban de la masacre. Entre las órdenes que emitía se encontraban algunas como las siguientes:

1) Fusilar en el lugar sin juicio a todo ciudadano que se niegue a dar su nombre.
2) Las comisiones políticas de distrito o las comisiones políticas de zona tienen el poder de pronunciar contra las aldeas en que están ocultas armas un veredicto para arrestar rehenes y fusilarlos en el caso de que no se entreguen las armas.
3) En el caso en que se encuentren armas ocultas, fusilar en el lugar, sin juicio, al hijo mayor de la familia.
4) La familia que haya ocultado a un bandido en su casa debe ser arrestada y deportada fuera de la provincia, sus bienes confiscados y el hijo mayor de esta familia fusilado sin juicio.
5) Considerar como bandidos a las familias que oculten miembros de la familia de los bandidos y fusilar en el lugar, sin juicio, al hijo mayor de esta familia.
6) En el caso de que tenga lugar la huida de la familia de un bandido, repartir sus bienes entre los campesinos fieles al poder soviético y quemar o demoler las casas abandonadas.

553. *Ibid.*, 138.
554. *Ibid.*, 159.

7) Aplicar la presente orden del día rigurosamente y sin piedad[555].

Hacia 1921 Lenin había abierto ya siete campos de concentración con más de cincuenta mil personas, esencialmente ancianos, mujeres y niños tomados como rehenes por ser familiares de "desertores". En estos campos, los prisioneros, casi todos desnudos, morían por miles de desnutrición, cólera y tifus[556]. En diversas provincias rusas la requisición de producción agrícola llevó a hambrunas que costaron la vida a decenas de miles de personas y eventualmente a millones. Ante las revueltas campesinas, Lenin aplicaba más de la misma represión hasta que logró liquidar por completo la resistencia y convertir a los antes autosuficientes campesinos que sobrevivieron en mendigos desnutridos que clamaban por recibir algo de comida de los comunistas[557]. Mientras tanto, la propaganda del partido, encargada a intelectuales de Moscú, insistía en la importancia del pago de impuestos en estas regiones para la revolución que supuestamente habría de liberar al pueblo. Ante la crisis humanitaria que había provocado, el régimen de Lenin aceptó a regañadientes la creación de un "Comité de los hambrientos", que finalmente terminó pidiendo ayuda a la Cruz Roja Internacional y a la American Relief Administration (ARA) del gobierno norteamericano. Esto significó que, en 1921, Lenin terminó recibiendo alimentos de Estados Unidos para evitar un mayor número de muertes por hambre. Luego de deshacer el comité y acusar a todos sus miembros de traidores a la revolución, lo reemplazaría por un organismo oficial encargado de los hambrientos. De poco sirvió la nueva burocracia pues, en 1922, treinta millones de personas se encontraba en situación de hambre en la Unión Soviética. Solo la Cruz Roja, la ARA y los cuáqueros alimentaban a once millones de personas diariamente. A pesar de toda esa ayuda internacional, el hambre, causada por

555. *Ibid.*, 201-202.
556. *Ibid.*, 203.
557. *Ibid.*, 209.

diversos factores como malas cosechas y fundamentalmente por la guerra de Lenin contra los campesinos y terratenientes (*kulaks*), fue incontrolable. Dado que esta guerra de Lenin implicaba requisiciones masivas de grano, se produjo un colapso de la producción, matando a cinco millones de personas de hambre entre 1921 y 1922[558]. Los norteamericanos reaccionaron desconcertados al ver que Lenin, en el momento más álgido de la hambruna, seguía confiscando grano para exportación de modo de financiar la industrialización rusa. Peor aún, Lenin utilizó buena parte de la ayuda americana que buscaba evitar que murieran más rusos de hambre para financiar procesos revolucionarios en otras partes del mundo[559]. En el pasado reciente, frente a hambrunas que se producían por malas cosechas, Lenin se había opuesto a la ayuda social a campesinos. Según él, el hambre, que jamás alcanzó las dimensiones que tuvo bajo su dictadura, tenía el efecto positivo de destruir la economía campesina y acelerar la llegada del capitalismo, con lo cual se aceleraba también la lucha de clases que llevaría al socialismo. Más aún, en 1891, frente a la tragedia que afectaba a su provincia y que costó la vida a cuatrocientas mil personas, Lenin dijo que "el hambre destruye no solamente la fe en el zar, sino también en Dios"[560]. La resistencia del campesinado efectivamente fue eliminada luego de la hambruna generada por Lenin, lo que sirvió de inspiración a Stalin, quien en 1932-1933, en el plazo de diez meses, mató de hambre a más de cuatro millones de ucranianos en lo que se conoció como el genocidio de Holodomor ("matar de hambre")[561]. Los nazis copiaron luego el mismo método de exterminio leninista en los guetos donde reagrupaban a judíos y en campos de concentración[562].

Lenin aprovecharía la hambruna de 1921-1922 precisamente para destruir a la Iglesia, a pesar de que había sido la institución

558.*Ibid.*, 213-214.

559.Gellately, *Lenin, Stalin und Hitler*,114.

560.Courtois *et al.*, *El libro negro del comunismo*, 214.

561. Courtois, *Lenin: el inventor del totalitarismo*, 453.

562.*Ibid.*

rusa que más había ayudado a la gente ante la hambruna. La estrategia consistió en montar la propaganda exigiendo a la Iglesia vender sus objetos sagrados de modo de alimentar a la población, cuestión que Lenin sabía esta no podía hacer por considerarlo sacrilegio. La iglesia se negó, pero ofreció entregar el equivalente en dinero donado por fieles, pero Lenin no aceptó y ordenó a los sóviets saquearlas completamente. Miles de personas, especialmente mujeres y ancianos, que defendieron sus iglesias con picotas y rifles antiguos frente a hombres armados con ametralladoras modernas, fueron masacradas por los comunistas en más de 1.400 enfrentamientos sangrientos[563]. Según algunas estimaciones, entre las bajas se encontraron 7.400 religiosos, incluyendo 3.500 monjas, todos asesinados por las fuerzas comunistas[564].

Otros cálculos de muertos totales que no consideran a las víctimas de la hambruna generada por la política de confiscación de alimentos y exterminio de campesinos, señalan las siguientes cifras de ejecutados por la Cheka y el Ejército Rojo: obispos, 28; eclesiásticos, 1.219; profesores y docentes, 6.000; médicos, 9.000; oficiales navales y militares, 54.000; marineros y soldados de las filas, 260.000; funcionarios policiales, 70.000; intelectuales y miembros de las clases profesionales, 355.250; trabajadores industriales, 193.290 y campesinos, 815.000[565]. Esto da un total de 1.763.787 asesinados bajo el sistema de terror leninista. Otros historiadores estiman las ejecuciones entre 50.000 y 140.000[566]. llegando hasta 200.000, aparte de más de 400.000 muertos en campos de concentración y eliminados por el Ejército Rojo en revueltas[567]. Un estimado prudente del genocidio comunista iniciado por Lenin, y que se desarrolló en Rusia entre 1917 y 1987,

563.Figes, *A People's Tragedy*, 748.
564.*Ibid.*, 749.
565.Melgunof, *The Red Terror in Russia*, 111.
566.Pipes, *The Russian Revolution*, 838.
567. Lowe, *Mastering Twentieth Century Russian History*, 151.

arroja la monstruosa cifra de 61.911.000 personas muertas por el comunismo[568].

A diferencia del Ejército Blanco, que también causó la muerte a más de cien mil personas en su guerra contra los bolcheviques, el Terror Rojo desatado por Lenin fue no solo esencial al sistema totalitario, sino sacralizado al considerarse fundamental para exterminar y educar a los elementos considerados incompatibles con el nuevo hombre y orden soviéticos[569]. Lenin mismo insistió en la idea del terror catártico diciéndole a su discípulo Stalin que "purificarían la nación por mucho tiempo" y que ello debía comenzar a hacerse en el campo[570]. La misma lógica totalitaria inspiraría luego a Hitler, quien declaró que "purificar la nación del espíritu judío" no era posible "de forma platónica"[571].

En este contexto es importante subrayar que Lenin y los comunistas también anticiparon el lenguaje de exterminio utilizado luego por Hitler y los nazis. Un documento bolchevique poco tiempo antes de la toma del Palacio de Invierno afirmaba:

> Solo la colaboración voluntaria y consciente de las masas de obreros y campesinos, realizada con entusiasmo revolucionario, en el inventario y en el control de los ricos, de los golfos, de los parásitos, de los gamberros, puede vencer estas supervivencias de la maldita sociedad capitalista, estos desechos de la humanidad, estos miembros cancerosos y putrefactos de la sociedad, este contagio, esta peste, esta plaga que el capitalismo ha dejado en herencia al socialismo. Ninguna piedad para estos enemigos del pueblo, enemigos del socialismo, enemigos de los trabajadores. Guerra a muerte a los ricos y a sus lacayos, los intelectuales burgueses [...]. Hay que elaborar miles de formas y de procedimientos prácticos y de control sobre los ricos, sobre los malhechores y sobre los parásitos, y elaborarlos

568. Rummel, *Lethal Politics*, 3.
569. Ryan, "The Sacralization of Violence", 809.
570. Pellicani, *Lenin y Hitler*, 23.
571. *Ibid.*

> y probarlos en el fuego de la práctica por las comunas mismas, por las pequeñas células en el campo y en la ciudad. La variedad es aquí una garantía de vitalidad, la prenda del éxito en la consecución del objetivo común y único: limpiar el suelo de Rusia de todo insecto nocivo, de las pulgas: los pillos; de los chinches: los ricos, etcétera[572].

Del mismo modo Hitler había jurado "luchar despiadadamente contra el envenenador universal de los pueblos: el judaísmo internacional", además de trabajar para "la creación de un nuevo tipo de hombre", un hombre "sin miedo y formidable" parecido a "un Dios en formación", que aspiraba siempre a "superar sus limitaciones"[573]. Para Hitler, la exterminación de los judíos era así una obra "sagrada"[574].

No hace falta aquí detenerse en los crímenes de Hitler y los nazis, con los seis millones de judíos exterminados y sus veinticinco millones de víctimas totales, pues han sido objeto de profunda investigación y masiva difusión en la cultura popular. Sí es desconocido, en cambio, el hecho ya mencionado de que hayan sido los comunistas los precursores del exterminio de los nazis y que Lenin haya sido el primer genocida de los tiempos modernos. Esto es relevante, pues luego de la muerte de Stalin comenzó una operación sistemática de lavado de imagen de Lenin para dejar a Stalin como el criminal que se había desviado del leninismo salvando así la ideología marxista leninista. Esta operación la comenzó el sucesor de Stalin, Nikita Jrushchov, con un famoso discurso de 1956 que daría inicio a décadas de propaganda de intelectuales de izquierda en todo el mundo para atribuir los crímenes escalofriantes del comunismo a las desviaciones de Stalin. Siguiendo el clásico guion de la propaganda totalitaria que hemos analizado en un capítulo anterior, Jrushchov sentó las bases del mito "Lenin bueno, Stalin malo", afirmando cosas como la siguiente:

572. *Ibid.*, 55.

573. *Ibid.*, 54.

574. Safranski, *El mal*, 233.

> Los rasgos de Lenin —el trabajo paciente con la gente, su educación tenaz y minuciosa, la capacidad de inducir a la gente a seguirlo sin recurrir a la coacción, sino mediante la influencia ideológica de todo el colectivo— eran completamente ajenos a Stalin. Descartó el método leninista de convencimiento y educación, abandonó el método de la lucha ideológica por el de la violencia administrativa, la represión masiva y el terror. Actuó a una escala cada vez mayor y con mayor tenacidad mediante órganos punitivos, violando al mismo tiempo con frecuencia todas las normas morales y las leyes soviéticas vigentes[575].

Jrushchov añadiría que lo que había hecho Stalin con sus millones de asesinados nada tenía que ver con el marxismo leninismo y que Lenin había ya manifestado preocupación por lo que podía llegar a hacer Stalin. Evidentemente todo esto era falso, pues Stalin solo continuó el camino iniciado por Lenin, siendo un sucesor lógico de su ideología criminal[576].

Cabe reparar en el hecho convenientemente ignorado de que la Alemania nazi y la Rusia comunista celebraron diversos acuerdos para entregarse prófugos de las respectivas revoluciones de modo de liquidarlos y que, luego, en 1939, se aliaron en el acuerdo Ribbentrop-Molotov para repartirse Polonia. Todo ello solo confirma la afinidad ideológica que existía entre ambos sistemas[577]. Es más, en virtud de los primeros pactos, el régimen comunista soviético incluso entregaba a los nazis camaradas comunistas y judíos alemanes que se habían fugado de Alemania[578].

Debe insistirse también en que los comunistas, bajo Lenin, fueron los pioneros en la industria genocida. En palabras de Stéphane Courtois, coautor del *Libro negro del comunismo*, "los métodos puestos en funcionamiento por Lenin y sistematizados

575. Jruschov, "Discurso en el XX Congreso del Partido Comunista de la URSS".

576. Gellately, *Lenin, Stalin und Hitler*, 19.

577. Courtois *et al.*, *El libro negro del comunismo*, 519-520.

578. *Ibid.*

por Stalin y sus émulos no solamente recuerdan los métodos nazis sino que muy a menudo los precedieron"[579]. Courtois recuerda que Rudolf Höss, el encargado de crear el campo de Auschwitz y su futuro comandante, afirmó que la inteligencia alemana haría llegar a los comandantes de los campos "documentación detallada en relación con el tema de los campos de concentración rusos" que se basaban en testimonios de personas que se habían escapado[580]. Estos "exponían con todo detalle las condiciones que reinaban en los mismos", destacando en ellos de manera particular "que los rusos aniquilaban poblaciones enteras empleándolas en trabajos forzados"[581]. Este material sería luego utilizado para diseñar la estrategia de exterminio nazi. En palabras de Ernst Nolte, "durante la guerra, los elementos importantes del bolchevismo fueron convirtiéndose, de una manera cada vez más inconfundible, en un modelo a seguir para Hitler, y en lo que se refiere a las medidas de exterminio llegó a la correspondencia extrema"[582].

En cuanto a los centros de tortura de las policías secretas comunista y nazi, sobrevivientes de ambos regímenes explicaban que no había casi ninguna diferencia en sus métodos. Así lo declaró un hombre que fue detenido por ambos y cuyo testimonio vale la pena reproducir:

> La diferencia entre la policía secreta comunista y la de los nazis —yo soy uno de los "felices" elegidos que ha podido vivir ambas experiencias— no reside en su nivel de brutalidad o crueldad. La sala de torturas de una cárcel nazi era la misma que la de una cárcel comunista. La diferencia estaba en otro lugar. Si te detenían los nazis como disidente político, generalmente querían saber cuáles eran tus actividades, tus amigos, tus planes, y cosas así. Los comunistas no se conformaban con eso. Ellos ya sabían, al detenerte, qué tipo de confesión ibas

579. *Ibid.*, 130.
580. *Ibid.*, 31.
581. *Ibid.*
582. Nolte, *La guerra civil europea, 1917-1945: nacionalsocialismo y bolchevismo*, 51.

> a firmar. Pero no tú. Yo no tenía ni idea de que iba a acabar siendo un ¡"espía americano"![583]

No es extraño a la luz de lo anterior el hecho de que una gran parte de los miembros de las policías nazis encargadas del exterminio y represión sobre disidentes —Sturmabteilung y Schutzstaffel— provinieran originalmente de organizaciones comunistas que veían como un fin el bolchevismo[584]. Intentar, entonces, enmascarar la criminalidad comunista frente a la de los nazis es, más allá de ciertas especificidades de cada caso, un fraude intelectual. Lo cierto es que, siendo gemelos ideológicos, nazis y comunistas, como hemos dicho, comparten el mismo ADN criminal, por lo que necesariamente han de producir idénticos resultados[585]. Courtois lo resume así:

> En cada caso el objeto de los golpes no fueron individuos sino grupos. El terror tuvo como finalidad exterminar a un grupo designado como enemigo que, ciertamente, solo constituía una fracción de la sociedad, pero que fue golpeado en cuanto tal por una lógica genocida. Así, los mecanismos de segregación y de exclusión del "totalitarismo de clase" se asemejan singularmente a los del "totalitarismo de raza". La sociedad nazi futura debía ser construida alrededor de la "raza pura", la sociedad comunista futura alrededor de un pueblo proletario purificado de toda escoria burguesa. La remodelación de estas dos sociedades fue contemplada de la misma manera, incluso aunque los criterios de exclusión no fueran los mismos. Resulta, por lo tanto, falso pretender que el comunismo sea un universalismo: aunque el proyecto tiene una vocación

583. Courtois *et al.*, *El libro negro del comunismo*, 700.

584. Pellicani, *Lenin y Hitler*, 43-44.

585. Como ha observado Luciano Pellicani, el fascismo italiano en este contexto no llegó a perfeccionar el totalitarismo al punto del nazismo y el comunismo pues careció de una política de terror catártico que llevara al exterminio masivo de grupos completos de la población, como ocurrió bajo Lenin y Hitler. Ver: Pellicani, *Lenin y Hitler*, 154.

mundial, una parte de la humanidad es declarada indigna de existir, como sucedía en el nazismo. La diferencia reside en que la poda por estratos (clases) reemplaza a la poda racial y territorial de los nazis[586].

Lo que debe aceptar cualquier persona comprometida con la verdad, la libertad y la dignidad humana es que el comunismo, inspirado en las doctrinas de Marx, Engels y Lenin, entre otros, es, en todo lo esencial, idéntico al nazismo de Hitler, Rosenberg, Goebbels y los demás líderes y seguidores del nacionalsocialismo. En otras palabras, el prestigio del que goza el marxismo hoy en día al compararse con el nazismo, implica que el mismo espíritu mefistofélico del fascismo nazi, disfrazado de marxismo, neomarxismo o posmodernismo, sigue vivo y con una influencia más allá de lo que se sospecha. Y como en el pasado, este se encuentra camuflado por una retórica supuestamente inclusiva, igualitaria y de liberación de los oprimidos, lo que le permite justificar, sin encontrar mayor resistencia, la violencia y, en última instancia, la destrucción del orden civilizatorio de origen judeocristiano.

586.Courtois *et al.*, *El libro negro del comunismo*, 33.

Bibliografía

ABRAMS, SAMUEL J. "Professors Moved Left since 1990s, Rest of Country Did Not". Nueva York: Heterodox Academy, 9 de enero de 2016. Disponible en: heterodoxacademy.org/blog/professors-moved-left-but-country-did-not/.

ARENDT, HANNAH. *The Origins of Totalitarianism*. San Diego: Harcourt Inc., 1985.

ARENDT, *Responsibility and Judgment*. Nueva York: Schocken Books, 2003.

ARON, RAYMOND. *El opio de los intelectuales*. Barcelona: Página Indómita, 2021 [1955].

BAKUNIN, MIJAÍL. *God and the State*. Indore: Modern Publishers, 1920 [1871].

BALL, PHILIP. "How 2 Pro-Nazi Nobelists Attacked Einstein's 'Jewish Science'". *Scientific American*, 13 de febrero de 2015. Extracto de *Serving the Reich: The Struggle for the Soul of Physics under Hitler*. Chicago: University of Chicago Press, 2014. Disponible en: www.scientificamerican.com/article/how-2-pro-nazi-nobelists-attacked-einstein-s-jewish-science-excerpt1/.

BAXTER, KIMBERLY. "Hegel on Warfare and the State". *Library of Social Science Newsletter*, 27 de julio de 2016. Disponible en: www.libraryofsocialscience.com/newsletter/posts/2016/2016-07-27-Baxter.html.

BEL, GERMÀ. "Against the Mainstream: Nazi Privatization in 1930s Germany". *The Economic History Review* 63, n.º 1 (2009): 34–55. Versión digital disponible en: files.libcom.org/files/Nazi%20Privatisation.pdf.

BENZ, WOLFGANG, HERMANN GRAML Y HERMANN WEISS. *Enzyklopädie des Nationalsozialismus*. Múnich: Deutscher Taschenbuch Verlag, 1997.

BERLIN, ISAIAH. *Freedom and Its Betrayal*. Londres: Pimlico, 2003.

BERLIN, ISAIAH. *Karl Marx: His Life and Environment*. Nueva York: Oxford University Press, 1949.

BIRKEN, LAWRENCE. "Prussianism, Nazism, and Romanticism in the Thought of Victor Klemperer". *The German Quarterly* 72, n.º 1 (invierno de 1999): 38–52.

BORINSKAYA, SVETLANA A. HANNAH, ANDREI I. ERMOLAEV, Y EDUARD I. KOLCHINSKY. "Lysenkoism Against Genetics: The Meeting of the Lenin All-Union Academy of Agricultural Sciences of August 1948, Its Background, Causes, and Aftermath". *Genetics* 212, n.º 1

(1 de abril de 2019): 1–12. Disponible en: doi.org/10.1534/genetics.118.301413.

BRITANNICA KIDS. "Nazi Party". *Britannica Kids*. Accedido el 5 de octubre de 2025. Disponible en: kids.britannica.com/kids/article/Nazi-Party/353523.

BURLEIGH, MICHAEL. *The Third Reich: A New History*. Nueva York: Hill and Wang, 2000.

BUTLER, ROHAN. *The Roots of National Socialism, 1783–1933*. Londres: Faber and Faber, 1941.

CALDWELL, BRUCE. "Hayek's Scientific Subjectivism". *Economics and Philosophy* 10 (1994): 305–313.

"Carl Jung Studied Hitler". *Old Magazine Articles*, 2025. Disponible en: www.oldmagazinearticles.com/carl_jung_studied_hitler#.Wfi-00hNSy-U.

CHILDERS, THOMAS. "Five Myths about Nazis". *The Washington Post*, 20 de octubre de 2017. Disponible en: www.washingtonpost.com/outlook/five-myths/five-myths-about-nazis/2017/10/20/f4463dea-b2b5-11e7-9e58-e6288544af98_story.html.

CHILDERS, THOMAS. *The Third Reich, A History of Nazi Germany*. Nueva York: Simon & Schuster, 2018.

COHEN-ALMAGOR, RAPHAEL. "Foundations of Violence, Terror and War in the Writings of Marx, Engels, and Lenin". *Terrorism and Political Violence* 3, n.º 2 (1991): 12–29.

COURTOIS, STÉPHANE, *ET AL*. *El libro negro del comunismo*. Edición digital. Disponible en: www.cristoraul.org/SPANISH/sala-de-lectura/Historia-universal/El-libro-negro-del-comunismo.pdf.

COURTOIS, STÉPHANE y FEDERICO JIMÉNEZ LOSANTOS. *Lenin: el inventor del totalitarismo*. Madrid: La Esfera de los Libros, 2021.

DARWIN, CHARLES. *The Descent of Man, and Selection in Relation to Sex*. Nueva York: D. Appleton & Company, 1871.

DIETZGEN, JOSEPH. "Letters on Logic". Disponible en: www.marxists.org/archive/dietzgen/1870s/letters-on-logic.htm

DOMARUS, MAX. *The Complete Hitler: A Digital Desktop Reference to His Speeches and Proclamations, 1932–1945*. Wauconda, IL: Bolchazy-Carducci Publishers, 2007.

ENGELS, FRIEDRICH. "Contribución a la historia del cristianismo primitivo". *Marxists.org*, 1894. Disponible en: www.marxists.org/espanol/m-e/1894/crist-prim.htm.

ENGELS, FRIEDRICH. *Anti-Dühring*. Madrid: Fundación Federico Engels, 2014 [1878].

ENGELS, FRIEDRICH. *Del socialismo utópico y científico*. Madrid: Fundación Federico Engels, 2006.

ENGELS, FRIEDRICH. *Principles of Communism*. 1847. Disponible en: archive.org/details/principles-of-communism-1847-friedrich-engels/page/4/mode/2up.

ENGELS, KARL y FRIEDRICH MARX. *La sagrada familia*. Buenos Aires: Claridad, 1971 [1844].

ENGELS, FRIEDRICH. "Der demokratische Panslawismus". En *Marx-Engels Werke*, vol. 6. Berlin: Dietz Verlag, 1976.

ENGELS, FRIEDRICH. "Von der Autorität". En *Marx-Engels Werke*, vol. 18. Berlin: Dietz Verlag, 1962.

FALTER, JÜRGEN. *Hitler's Party Comrades*. Abingdon: Routledge, 2026.

FRIEDMAN, MILTON. *Adam Smith's Relevance for 1976*. Selected Papers n.º 50. Chicago: Graduate School of Business, University of Chicago, 1976. Disponible en: www.chicagobooth.edu/~/media/9535E51706DF4136AB8ED7B59A873A57.PDF

GIGES, ORLANDO. *A People's Tragedy. A History of the Russian Revolution*. Nueva York: Viking, 1997.

FROESE, PAUL. "Forced Secularization in Soviet Russia: Why an Atheistic Monopoly Failed". *Journal for the Scientific Study of Religion* 43, n.º 1 (marzo de 2004): 35–50.

FRANK, HANS. "Núremberg Trial Proceedings, Volume 22: Two Hundred and Fiftieth Day, Saturday, 31 August 1946". *The Avalon Project: Documents in Law, History and Diplomacy*. Yale Law School. Disponible en: avalon.law.yale.edu/imt/08-31-46.asp.

FURET, FRANÇOIS. *El pasado de una ilusión*. Edición digital, 2018 [1995]. Disponible en: archive.org/details/furet-f.-el-pasado-de-una-ilusion-epl-fs-1995-2018/page/3/mode/2up.

FURET, FRANÇOIS. *Pensar la Revolución francesa*. Barcelona: Petrel, 1980 [1978].

FURET, FRANÇOIS Y ERNST NOLTE. *Fascism and Communism*. Traducido por Katherine Golsan y James M. Laux. Lincoln: University of Nebraska Press, 2004.

GENTILE, EMILIO. "Fascism as Political Religion". *Journal of Contemporary History* 25, n.º 2/3 (mayo–junio 1990): 229–251.

GELLATELY, ROBERT. *Lenin, Stalin und Hitler: Das Zeitalter der sozialen Katastrophe*. Köln: Lübbe Verlag, 2009.

GENTILE, EMILIO. *La vía italiana al totalitarismo*. Buenos Aires: Siglo XXI, 2005 [2001].

GOEBBELS, JOSEPH. *Lenin or Hitler*. Disponible en: research.calvin.edu/german-propaganda-archive/lenin-hitler.htm.

GOEBBELS, JOSEPH. *The Nazi-Sozi. German Propaganda Archive*. Calvin University. Accedido el 6 de octubre de 2025. Disponible en: research.calvin.edu/german-propaganda-archive/nazi-sozi.htm.

GOEBBELS, JOSEPH. *Tagebücher 1924–1945*. Múnich: Piper Verlag, 2023.

GREGOR, A. JAMES. "Giovanni Gentile and the Philosophy of the Young Karl Marx". *Journal of the History of Ideas* 24, n.º 2 (abril-junio 1963): 213–230.

GREGOR, A. JAMES. *The Faces of Janus*. New Haven: Yale University Press, 2000.

GOETHE, JOHANN WOLFGANG VON. *Faust. Der Tragödie erster Teil*. En *Goethe Werke* [1808]. *Hamburger Ausgabe*, vol. 3, ed. Erich Trunz. Múnich: C. H. Beck, 2010.

GRIBANOV, VLADIMIR. *Albert Einstein's Philosophical Views and the Theory of Relativity*. Moscú: Progress Publishers, 1987.

HAIDT, JONATHAN. "The Bright Future of Post-partisan Social Psychology". Entrevista de J. Brockman. *Edge*, 2 de noviembre de 2011. Disponible en: www.edge.org/conversation/the-bright-future-of-post-partisan-social-psychology.

HARLEY-BELLEMORE, HEATH. "National Socialism and Marxism: A Comparative Legal Analysis". *The Western Australian Jurist* 8 (2017): 399-424.

HAYEK, FRIEDRICH. "Hegel y Comte". *Revista Libertas* VI (octubre de 1989). Buenos Aires: Instituto Universitario ESEADE. Disponible en: riim.eseade.edu.ar/wp-content/uploads/2016/08/Hayek-1.pdf.

HAYEK, FRIEDRICH. *The Constitution of Liberty*. Londres: Routledge, 2009 [1960].

HAYEK, FRIEDRICH. *Camino de servidumbre*. Edición definitiva. Madrid: Unión Editorial, 2008 [1944].

HAYEK, FRIEDRICH. *The Fatal Conceit: The Errors of Socialism*. Chicago: University of Chicago Press: 1988.

HAYEK, FRIEDRICH. *Individualism: True and False*. Londres: Hodges, Figgis & Co.; B. H. Blackwell, 1946.

HEGEL, GEORG WILHELM FRIEDRICH. *Principios de la filosofía del derecho*. Buenos Aires: Sudamericana, 2004 [1820].

HESCHEL, SUSANNAH. *The Aryan Jesus: Christian Theologians and the Bible in Nazi Germany*. Princeton: Princeton University Press, 2008.

HEXHAM, IRVING. "The Mythic Foundation of National Socialism and the Contemporary Claim That the Nazis Were Christians". *Koers (Online)* 76, n.º 1 (2011): 165–182.

HITLER, ADOLF. *Mi lucha*. Medellín: Reinzi, 2013 [1924].

HITLER, ADOLF. "Hitler's Speech at the Opening of the House of German Art in Munich (July 18, 1937)". En *German History in Documents and Images*. Disponible en: germanhistorydocs.org/en/nazi-germany-1933-1945/ghdi:document-1577

HITLER, ADOLF. "Speech at the Culture Convention, Núremberg, September 6, 1938". En *Der-Führer: Reden*. Disponible en: der-fuehrer.org/reden/english/38-09-06.htm.

HITLER, ADOLF. "Speech at the Berlin Sports Palace, January 30, 1941". *Jewish Virtual Library*. Disponible en: www.jewishvirtuallibrary.org/hitler-speech-at-the-berlin-sports-palace-january-30-1941.

HITLER, ADOLF. "On National Socialism and World Relations: Speech Delivered in the German Reichstag on January 30, 1937". *German Propaganda Archive*. Calvin University. Accedido el 6 de octubre de 2025. research.calvin.edu/german-propaganda-archive/hitler1.htm.

HITLER, ADOLF. "The Speeches of Adolf Hitler, 1921–1941". *Archive.org*. Disponible en: archive.org/stream/TheSpeechesOfAdolfHitler19211941/hitler-speeches-collection_djvu.txt.

"Hitler Forecasts No Reich Overturn in Next 1,000 Years; Proclamation to Nazi Congress Says Movement Won't Yield No Matter What Happens". *New York Times*, 6 de septiembre de 1934. Accedido el 6 de octubre de 2025. Disponible en: www.nytimes.com/1934/09/06/archives/hitler-forecasts-no-reich-overturn-in-next-1000-years-proclamation.html.

JOHNSON, PAUL. *Intelectuales*. Buenos Aires: Javier Vergara Editor, 1990.

JRUSHCHOV, NIKITA. "Discurso en el XX Congreso del Partido Comunista de la URSS". *Marxists Internet Archive*, 24 de febrero de 1956. www.marxists.org/archive/khrushchev/1956/02/24.htm.

JUNG, CARL. "Wotan". *Internet Archive*. Disponible en: archive.org/details/carl-jung-on-wotan_20230629/page/3/mode/2up.

KAUTSKY, KARL. *Foundations of Christianity: A Study in Christian Origins*. Nueva York: International Publishers, 1925.

KENGOR, PAUL. *The Devil and Karl Marx*. Gastonia: Tan Books, 2020.

KEYNES, JOHN MAYNARD. "Una breve visión sobre Rusia". *Átomo*, marzo de 2024 [1925]. Disponible en: revistaatomo.com/es/2024/03/una-breve-vision-sobre-rusia/?utm_source=chatgpt.com

KERSHAW, IAN. *Hitler*. Nueva York: W. W. Norton & Company, 2008.

KHODOROVICH, SERGEI. "1917–1987: Unsuccessful and Tragic Attempt to Create a 'New Man'". *The Archives of Orthodox America* (1987). Disponible en: www.roca.org/oa/volume-viii/issue-76-77/1917-1987-unsuccessful-and-tragic-attempt-to-create-a-new-man/.

KLEMPERER, VICTOR. *I Will Bear Witness: A Diary of the Nazi Years 1933–1941*. Nueva York: Random House, 1998.

KOLAKOWSKI, LESZEK. "Marxism and Human Rights". *Daedalus* 112, n.º 4, otoño 1983.

KUBIZEK, AUGUST. *The Young Hitler I Knew*. Londres: [s.n.], 1953. Disponible en: dn790008.ca.archive.org/0/items/TheYoungHitlerIKnew_201307/TheYoungHitlerIKnew.pdf.

"La insólita entrevista en 1967 al 'cerebro' del nazismo: 'Hitler era sanguinario y mostraba anomalías sexuales'". *ABC Historia*. 15 de diciembre de 2020. Disponible en: www.abc.es/historia/abci-insolita

-entrevista-1967-cerebro-nazismo-hitler-sanguinario-y-mostraba-anomalias-sexuales-202012150131_noticia.html.

LENIN, VLADIMIR ILICH. "Speech Delivered at an All-Russia Conference of Political Education Workers of Gubernia and Uyezd Education Departments, November 3, 1920". En *Collected Works*, vol. 31, abril-diciembre de 1920, 363-373. Moscú: Progress Publishers, 1974.

LENIN, VLADIMIR ILICH. "The Role and Functions of the Trade Unions under the New Economic Policy: Decision of the C.C., R.C.P.(B.), January 12, 1922". En *Collected Works*, vol. 33, *agosto de 1921–marzo de 1923*, 184–196. Moscú: Progress Publishers, 1973.

LENIN, VLADIMIR ILICH. "The Tasks of the Youth Leagues: Speech Delivered at the Third All-Russia Congress of the Russian Young Communist League, October 5, 1920". En *Collected Works*, vol. 31, *abril-diciembre 1920*, 283–299. Moscú: Progress Publishers, 1974.

LENIN, VLADIMIR ILICH. *El Estado y la revolución*. Madrid: Fundación Federico Engels, 2009 [1917].

LENIN, VLADIMIR ILICH. *Two Utopias*. En *Selected Works* vol 1. Moscú: Foreign Language Publishing House. 1947 [1924].

LENIN, VLADIMIR ILLICH. *Un paso adelante dos pasos atrás*. En *Obras completas*, tomo VII, Madrid: Akal, 1976 [1904].

LICHTENBERG, EMILY. "Hitler's 'Utopia': An Analysis of Gleichschaltung in the Third Reich, 1933–1939". *The Expositor: A Journal of Undergraduate Research in the Humanities* 13 (2017): 29–49.

LOWE, NORMAN. *Mastering Twentieth Century Russian History*. Nueva York: Palgrave, 2002.

LUDWIG, EMIL. *Talks with Mussolini*. Boston: Little, Brown, 1933.

LUDWIG, EMIL. *Tres dictadores: Hitler, Mussolini y Stalin*. Barcelona: Acantilado, 2018.

MACINTYRE, ALASDAIR. *Marxism and Christianity*. Londres: Duckworth, 2001 [1968].

MAISTRE, JOSEPH DE. *Considerations on France*. Montreal: McGill-Queen's University Press, 1974 [1797].

MANNHEIM, KARL. *Ideology and Utopia: An Introduction to the Sociology of Knowledge*. Traducido por Louis Wirth y Edward Shils. Nueva York: Harcourt, Brace & Company, 1954 [1929].

MARX, KARL Y FRIEDRICH ENGELS. *Manifiesto del Partido Comunista*. Moscú: Edición en Lenguas Extranjeras [1848].

MARX, KARL. *El 18 Brumario de Luis Bonaparte*. Madrid: Fundación Federico Engels, 2003 [1852].

MARX, KARL. *Crítica al programa de Gotha*. Madrid: elaleph.com, 2000 [1875]. Disponible en: web.seducoahuila.gob.mx/biblioweb/upload/Karl%20Marx%20-%20Critica%20del%20programa%20de%20Gotha.pdf

MARX, KARL. *La ideología alemana*. Barcelona: Grijalbo, 1974 [1932].

MARX, KARL. *Miseria de la filosofía*. Buenos Aires: Edaf, 2004 [1847].
MARX, KARL. *Crítica de la filosofía del Estado de Hegel*. Madrid: Biblioteca Nueva, 2002 [1843].
MARX, KARL. *The Victory of the Counter-Revolution in Vienna*. *Neue Rheinische Zeitung*, n.º 136, 1848. Disponible en: www.marxists.org/archive/marx/works/1848/11/06.htm.
MARX, KARL. *Sobre la cuestión judía*. Biblioteca virtual Omegalfa, 2018. [1844].
MARX, KARL. *Critique of Hegel's 'Philosophy of Right'*. Cambridge: University Press, 1970 [1843].
MARX, KARL. "The Pale Maiden". En *Book of Verse* (1837). *Marxists Internet Archive*. Disponible en: www.marxists.org/archive/marx/works/1837-pre/verse/verse24.htm.
MARX, KARL. "Invocation of One in Despair". En *Book of Verse* (1837). *Marxists Internet Archive*. Disponible en: www.marxists.org/archive/marx/works/1837-pre/verse/verse11.htm.
MARX, KARL. "Scenes from Oulanem: A Tragedy". En *Book of Verse* (1837). *Marxists Internet Archive*. Disponible en: www.marxists.org/archive/marx/works/1837-pre/verse/verse21.htm.
MASON, TIMOTHY W. *Nazism, Fascism and the Working Class*. Nueva York: Cambridge University Press, 1995.
MEDAWAR, JEAN, Y DAVID PYKE. *Hitler's Gift*. Nueva York: Arcade, 2001.
MEISEL, JAMES H. "A Premature Fascist? Sorel and Mussolini". *The Western Political Quarterly* 3, n.º 1 (marzo de 1950): 14–27.
MELGUNOF, SERGEI. "The Record of the Red Terror". *Current History* 27, n.º 2 (noviembre de 1927): 198–210.
MELGUNOF, SERGEI. *The Red Terror in Russia*. Londres: J. M. Dent & Sons, 1925.
MERLIN, SIDNEY. "Trends in German Economic Control since 1933". *The Quarterly Journal of Economics* 57, n.º 2 (febrero de 1943): 169–207. Disponible en: doi.org/10.2307/1882751.
MISES, LUDWIG VON. "Reich Gets Big Shock; New Securities Ordinance Viewed as Blow at System". *The New York Times*, 21 de junio de 1942, sec. E, p. 8. Disponible en: www.nytimes.com/1942/06/21/archives/reich-gets-big-shock-new-securities-ordinance-viewed-as-blow-at.html
MISES, LUDWIG VON. *La acción humana*. Madrid: Unión Editorial, 2011.
MISES, LUDWIG VON. *Omnipotent Government*. Auburn, AL: Liberty Fund–Ludwig von Mises Institute, 2010 [1944].
MISES, LUDWIG VON. *Socialism*. New Haven: Yale University Press, 1951.
MUSSOLINI, BENITO. *Dios no existe*. Lausana, 1904. Disponible en: ia802301.us.archive.org/17/items/GodDoesNotExist/GDNE.pdf.
MUSSOLINI, BENITO. *El espíritu de la revolución fascista*. Mar del Plata: Ediciones Informes, 1976.

MUSSOLINI, BENITO. *La doctrina del fascismo*. Florencia: Editorial Vallecchi, 1937 [1933]. Disponible en: ia903203.us.archive.org/19/items/mussolini-benito.-la-doctrina-del-fascismo-1934/Mussolini%2C%20Benito.%20-%20La%20Doctrina%20del%20Fascismo%20%5B1934%5D.pdf.

National Socialist German Workers' Party. "Program of the National Socialist German Workers' Party". En *The Avalon Project*, Yale Law School. avalon.law.yale.edu/imt/nsdappro.asp.

NOLTE, ERNST. "La influencia de Marx y Nietzsche en el socialismo del joven Mussolini". *Cuaderno gris*, n.º 5 (2001): 113–160. Número monográfico: *Nietzsche y la "gran política": antídotos y venenos del pensamiento nietzscheano*, coord. por Alfonso Moraleja.

NOLTE, ERNST. *La guerra civil europea, 1917-1945: nacionalsocialismo y bolchevismo*. Traducido por Sergio Monsalvo Castañeda, Julio Colón Gómez y Adriana Santoveña Rodríguez. México: Fondo de Cultura Económica, 2001.

NORTH, DOUGLASS. "¿Qué queremos decir cuando hablamos de racionalidad?". *Estudios Públicos*, n.º 53 (Santiago, 1994): 3–16.

ORWELL, GEORGE. *1984*. Londres: Penguin, 2000.

PANIAGUA, PABLO. "Marx Culpable". *Átomo*, n.º 10 (2023): 110–135.

PARETO, VILFREDO. *An Application of Sociological Theories*. 1900. Disponible en: www.davidmhart.com/liberty/FrenchClassicalLiberals/Pareto/1900-Applicazione/Pareto_Application1900.html.

PARETO, VILFREDO. *Manual de economía política*. Buenos Aires: Atalaya, 1945.

PAYNE, ROBERT. *Marx*. Nueva York: Simon & Schuster, 1968.

PELLICANI, LUCIANO. *Lenin y Hitler*. Madrid: Unión Editorial, 2011.

Pew Research Center. *Modest Declines in Positive Views of "Socialism" and "Capitalism" in U.S.* Washington, D.C.: Pew Research Center, septiembre de 2022. Disponible en: www.pewresearch.org/politics/2022/09/19/modest-declines-in-positive-views-of-socialism-and-capitalism-in-u-s/.

PIPES, RICHARD. *Communism: A History*. Nueva York: Modern Library, 2003.

PIPES, RICHARD. *The Russian Revolution*. Nueva York: Knopf Doubleday, 2011.

PLANT, RAYMOND. *Hegel*. Londres: George Allen & Unwin, 1973.

PLUCKROSE, HELEN, Y JAMES LINDSAY. *Cynical Theories: How Activist Scholarship Made Everything about Race, Gender, and Identity*. Durham, NC: Pitchstone Publishing, 2020.

POLLOCK, FRIEDRICH. "Ist der Nationalsozialismus eine neue Ordnung?". En *Wirtschaft, Recht und Staat im Nationalsozialismus: Analysen des Instituts für Sozialforschung 1939–1942*, editado por Max

Horkheimer y Helmut Dubiel, 111–128. Frankfurt am Main: Europäische Verlagsanstalt, 1981.
PÍO XI. *Mit brennender Sorge,* 1937. Disponible en: www.vatican.va/content/pius-xi/es/encyclicals/documents/hf_p-xi_enc_14031937_mit-brennender-sorge.html
PÍO XI. *Divini Redemptoris.* 1937. Disponible en: www.vatican.va/content/pius-xi/es/encyclicals/documents/hf_p-xi_enc_19370319_divini-redemptoris.html
POPPER, KARL. *Conjectures and Refutations.* Nueva York: Basic Books, 1962.
POPPER, KARL. *In Search of a Better World: Lectures and Essays from Thirty Years.* Londres: Routledge, 2000 [1994].
POPPER, KARL. *La miseria del historicismo.* Madrid: Alianza, 1973 [1957].
POPPER, KARL. *The Open Society and Its Enemies.* Princeton: Princeton University Press, 2020 [1945].
PROUDHON, PIERRE-JOSEPH. *The Philosophy of Poverty.* 1847. Disponible en: www.marxists.org/reference/subject/economics/proudhon/philosophy/.
RAUSCHNING, HERMANN. *Hitler Speaks.* Londres: Eyre & Spottiswoode, 1940.
RAUSCHNING, HERMANN. *Die Revolution des Nihilismus.* Zúrich: Europa Verlag, 1938.
REDLES, DAVID. *Hitler's Millennial Reich: Apocalyptic Belief and the Search for Salvation.* Nueva York: NYU Press, 2005.
SCRUTON, ROGER. "As the Left Surges Back, Marxism's Bloody Legacy Is Covered Up". *Spectator Life*, 20 de septiembre de 2017. Disponible en: www.roger-scruton.com/articles/470-as-the-left-surges-back-marxism-s-bloody-legacy-is-covered-up-spectator-life-20-sept-17. Sir Roger Scruton
REVEL, JEAN-FRANÇOIS. *La gran mascarada.* Madrid: Taurus, 2000.
ROBESPIERRE, MAXIMILIANO. *Sobre los principios de moral política.* 1794. Disponible en: www.marxists.org/espanol/tematica/cienpol/robespierre/moralpolitica.htm.
ROMEO, JESS. "The Weed Scientist Who Brought Down the Wrath of Stalin". *JSTOR Daily.* June 12, 2020. Disponible en: daily.jstor.org/the-weed-scientist-who-brought-down-the-wrath-of-stalin/.
ROSENBERG, ALFRED. *The Myth of the 20th Century.* NS-Requiem, 2022 [1930].
ROTH, HERMANN. *Die Nationalsozialistische Betriebszellenorganisation, von der Gründung bis zur Röhm-Affäre (1928 bis 1934).* Stuttgart, 1978.
ROUSSEAU, JEAN-JACQUES. *The Social Contract and Discourses by Jean-Jacques Rousseau.* Londres y Toronto: J.M. Dent and Sons, 1923.
RUMMEL, RUDOLPH J. *Lethal Politics: Soviet Genocide and Mass Murder Since 1917.* Nueva York: Routledge, 2017 [1990].

RUSSELL, BERTRAND. "Por qué no soy comunista". *Átomo*, 10 de enero de 2024. Disponible en: revistaatomo.com/es/2024/01/un-texto-de-bertrand-russell/.

RYAN, JAMES. "The Sacralization of Violence: Bolshevik Justifications for Violence and Terror during the Civil War". *Slavic Review* 74, n.º 4 (invierno de 2015): 808–831.

SALVINI, NATHANIEL. "Relations between the Nazi State and Industry: Big Business". *Nazi Germany History Project*, Loyola Marymount University, 2019. Disponible en: nazigermany2019.eadrummond-history.lmu.build/relations-between-the-nazi-state-and-industry-big-business/.

SAFRANSKI, RÜDIGER. *El mal, o el drama de la libertad*. Traducción de Raúl Gabás. Barcelona: Tusquets Editores, 1998.

SARGENT, LYMAN TOWER. *Utopianism: A Very Short Introduction*. Nueva York: Oxford University Press, 2010.

SCHACHT, HJALMAR."Telegram and Letter to Hitler". *Núremberg Trials Project: A Digital Document Collection.* Harvard Law School Library. Accessed October 6, 2025. https://Núremberg.law.harvard.edu/documents/2115-telegram-and-letter-to-hitler.

SCHLEICH, EVA. "Kirche, Klerus und Religion". En *Die Französische Revolution*, editado por Rolf Reichardt, 206-226. Köln: Anaconda Verlag, 2012.

SCHUMPETER, JOSEPH. *Capitalism, Socialism, and Democracy*. Nueva York: Harper Perennial, 2008 [1942].

SECHER, REYNALD. *A French Genocide: The Vendée*. Notre Dame, IN: University of Notre Dame Press, 2003.

SHERRATT, YVONNE. *Hitler's Philosophers*. New Haven: Yale University Press, 2013.

SHIRER, WILLIAM. *The Rise and Fall of the Third Reich: A History of Nazi Germany*. Nueva York: Simon & Schuster, 1960.

SIEDENTOP, LARRY. *Inventing the Individual: The Origins of Western Liberalism*. Cambridge, MA: Harvard University Press, 2014.

SINGER, PETER. *A Statue for Stalin?* Princeton: Project Syndicate, 9 de Enero de 2014. Disponible en: www.project-syndicate.org/commentary/peter-singer-asks-why-stalin-is-seen-as-relatively-more-acceptable-than-hitler

SINGER, PETER. *Marx*. Nueva York: Oxford University Press, 2018.

SMITH, ADAM. *La riqueza de las naciones*. Madrid: Alianza Editorial, 1996 [1776].

SMITH, ADAM. *La teoría de los sentimientos morales*. Madrid: Alianza, 1997 [1759].

SOLZHENITSYN, ALEKSANDR. *Archipiélago Gulag*. Barcelona: Tusquets, 2002 [1974].

SOLZHENITSYN, ALEKSANDR. *Men Have Forgotten God: The Templeton Address*. Londres: Templeton Foundation, 1983. Disponible en: www.templetonprize.org/laureate-sub/solzhenitsyn-acceptance-speech/.

SOREL, GEORGES. *Reflexiones sobre la violencia*. Buenos Aires: La Pléyade, 1978.

STRATIGAKOS, DESPINA. *Hitler's Northern Utopia*. Princeton: Princeton University Press, 2020. Kindle edition.

STEINBACHER, SYBILLE. *Hitler: Geschichte eines Diktators*. Múnich: C.H. Beck Verlag, 2025.

TOCQUEVILLE, ALEXIS DE. *El Antiguo Régimen y la Revolución*. México: Fondo de Cultura Ecónomica, 1998. [1856].

TOOZE, ADAM. *The Wages of Destruction: The Making and Breaking of the Nazi Economy*. Londres: Allen Lane, 2006.

TROTSKY, LEÓN. *Literatura y revolución*. Valencia: Sedov, 2023 [1924].

TURKEVICH, JOHN. "The Scientist in the U.S.S.R.". *The Atlantic*, enero de 1958. Disponible en: www.theatlantic.com/magazine/archive/1958/01/the-scientist-in-the-ussr/640553/.

TURNER, HENRY ASHBY. *German Big Business and the Rise of Hitler*. Nueva York: Oxford University Press, 1985.

VOEGELIN, ERIC. *Science, Politics, and Gnosticism*. Chicago: Regnery, 1968. Disponible en: https://archive.org/details/science-politics-and-gnosticism.

VOEGELIN, ERIC. *The Collected Works of Eric Voegelin, Volume 10: Published Essays, 1940–1952*. Editado por Ellis Sandoz. Columbia: University of Missouri Press, 2000.

VUCINICH, ALEXANDER. *Einstein and Soviet Ideology*. Stanford: Stanford University Press, 2001.

WAGENER, OTTO. *Hitler: Memoirs of a Confidant*. New Haven: Yale University Press, 1985 [1978].

WEBER, MAX. *Economy and Society: An Outline of Interpretive Sociology*. 2 vols. Berkeley: University of California Press, 1978.

WEIKART, RICHARD. *Hitler's Religion*. Nueva York: Regnery, 2016.

WEYL, NATHANIEL. *Karl Marx, Racist*. Nueva York: Arlington House, 1979.

WILLIAMS, DAVID LAY. *Rousseau and Revolution*. Disponible en: ndpr.nd.edu/reviews/rousseau-and-revolution/.

WOOD, GORDON. *The Idea of America*. Nueva York: Penguin, 2001.

YOUNG, JOHN WESLEY. *Totalitarian Language: Orwell's Newspeak and Its Nazi and Communist Antecedents*. Charlottesville: University Press of Virginia, 1992.

ZICKEL, RAYMOND E., ed. *Soviet Union: A Country Study*. 2ª ed. Washington, D.C.: Library of Congress, Federal Research Division, 1991.

ZITELMANN, RAINER. "The Role of Anti-Capitalism in Hitler's World View". *Economic Affairs* 42, n.º 3 (2022): 515–527.